21세기 중국몽中國夢과 사회보장개혁

21세기 중국몽中國夢과 사회보장개혁

1판 1쇄 2018년 10월 30일
1판 2쇄 2019년 11월 25일
발행인 오덕성 지은이 오정수
펴낸곳 충남대학교출판문화원 주소 대전광역시 유성구 대학로 99
전화 042-821-6045 홈페이지 www.cnupress.co.kr E-mail cnupress@cnu.ac.kr

ISBN 978-89-7599-993-2 93330
정가 13,000원

21세기 중국몽中國夢과 사회보장개혁

오 정 수

충남대학교출판문화원

중국은 현재 '중국몽'이란 21세기 신중국 국가건설의 거대한 실험을 진행되고 있다. 경제굴기, 군사굴기 등 '굴기(屈起)'라는 단어는 중국대륙이 세계의 중심국가로 일어서기 위해 꿈틀거리며 일어나고 있는 모습을 표현한다. 1978년 이후 20세기말 약 20년간 경제의 개혁개방과 함께 이른바 '사회주의시장경제'의 도입으로 급속한 경제발전을 성취한 중국은 21세기에 이르러 시장경제 시스템에 기초한 새로운 거대한 경제대국으로 부상하였다. 더욱이 21세기에 진입하여 현재까지 약 20년의 기간은 중국의 발전을 위한 매우 중요한 전략적 기회의 시기로 이해되고 있다. 이 시기 동안 국제적인 무대에서 평화와 발전은 두 가지 중요한 지구적 차원의 의제이었으며, 중국은 이와 같은 국제적 환경을 국가발전을 가속화하기 위한 유리한 국제적 환경으로 적극 활용하고 있다. 국내적 무대에서도 발전을 가속화하는 환경을 조성하고 있다. 중국은 이러한 국내외적 환경과 전략적 기회를 잘 활용하여 지속가능한 경제성장을 이룩하고 동시에 중국특색의 사회보장 개혁으로 복지의 실현을 통한 이른바 '다퉁사회'(大同社會)의 꿈을 실현하는 기초를 마련한다는 전략을 마련해 두고 있다. '다퉁사회'의 기초인 사회보장제도를 보다 심화 발전시키기 위해서는 우선 지속적인 경제발전이 요청될 뿐 아니라, 동시에 사회보장의 개혁과 발전은 경제발전을 위한 필수적인 과제가 되고 있다.

사회제도 측면에서는 시장경제에 적응한 사회보장제도의 개혁이 이미 1980년대부터 점진적으로 진행되어 왔으며, 국영기업과 노동 및 임금체계의 개혁에 수반한 양로보험, 의료보험, 실업보험 등 복지제도가 필연적인 개혁의 대상이 되었다. 이러한 사회보장의 개혁과정에서 중국은 나름대로의 '중국특색'이란 국가적 창의성을 발휘하고 있다. 구소련과 중동부 유럽에서는 사회주의 체제붕괴 이후 대체로 충격요법에 의하여 시장경제가 급속하게 도입되었고 서구적 복지시스템이 단기간에 형성된 과정에 비추어 보면, 중국은 도시와 농촌에서의 독특한 경제개혁 방식과 함께 이루어진 사회보장제도의 개혁은 중국특색을 강조하면서 비교적 장기간에 걸쳐 점진적으로 실험적으로 이루어지고 있다. 이러한 중국특색은 중국적 가치와 문화적 특성, 사회주의 시장경제의 발전단계에 적응하고, 생산력 발전을 촉진하는 복지체계의 건립을 추구하는 중국 나름의 고유한 특성을 갖고 있다. 그리고 이와 같은 중국의 사회보장 개혁은 설계에 있어 실험주의(experimentalism)의 특성, 실행에 있어 점진주의(incrementalism)를 특성으로 하고 있다고 평가된다.

중국사회의 변화를 이해하고 우리에게 주는 교훈을 찾기 위해서는 국민의 삶의 질을 보장하고 국가적 꿈을 이루어가는 사회보장개혁에 관한 체계적인 분석과 평가가 전제되어야 할 것이다. 이 책에서는 21세기 신중국의 국가적 꿈인 '중국몽'을 향한 사회보장개혁 과정의 포괄적인 이해를 목적으로 제도의 연혁과 개혁과정, 중국적 특성을 살펴보았다. 나아가 이른바 '다퉁사회'를 향한 '중국몽'의 근간인 사회보장개혁을 평가하고, 21세기 중국이 나아가는 중국몽의 앞날을 전망해본다.

2018. 7. 31

저자 오 정 수

Contents

Chapter 1

21세기 중국몽과 사회보장

'중국의 꿈'과 정치체계
개혁개방이 당면한 경제사회문제
경제개혁과 사회보장의 관계

1

21세기 중국몽中國夢과 사회보장

'중국의 꿈'과 정치체계

중국은 지금 21세기 새로운 중국의 건설을 향한 거대한 실험을 하고 있다. '중국몽(中國夢)'으로 일컬어지는 국가발전의 목표는 21세기 중반에는 세계 제일의 새로운 현대화된 국가를 건설하는 것이다. 2007년 10월 21일 중국공산당 17차 전국대표대회에서 개정된 중국공산당 장정은 이러한 장기 국가발전의 목표를 다음과 같이 언급하고 있다.

"새로운 세기 새로운 단계에서 경제 및 사회발전 전략의 전략적 목표는 이미 초보적으로 도달한 '샤오캉' 수준을 공고히 하고 발전시켜 당 창건 100돌이 되는 때에 가서는 10여 억 인구에 혜택을 줄 수 있는 더욱 높은 수준의 '샤오캉' 사회를 건설하고 건국 100돌이 되는 해에 가서는 1인당 국내총생산액을 중등 발전국가 수준에 도달시켜 현대화를 기본적으로 실현하도록 하는 것이다."

러시아와 중동부 유럽의 공산주의체제가 붕괴되고 탈사회주의 체제전환이 이루어진 1980년대 말에 비하면 중국의 개혁개방은 이보다 훨씬 이전에 시작되었다. 중국에서는 이미 1978년에 덩샤오핑(鄧小平)의 등장으로 중국식 개혁개방이 도입되었다. 중국의 개혁개방은 처음에는 전반적인 정치경제체제의 개혁을 목표로 하였다. 하지만 개혁개방은 덩샤오핑의 실용적 노선을 따라 새로운 개혁정책의 주요 핵심은 계급투쟁이 아닌 강력한 국가경제 재건에 두었으며, 당과 체제의 정당성은 인민 생활수준의 향상이었다. 경제의 개혁개방으로 시작된 체제개혁과정에서 신중국의 개혁 이념은 10년이 지난 1987년에 비로소 체계화되었다.

덩샤오핑은 1987년 중국공산당 제1차 전국대표대회에서 제시한 '3단계 중국경제발전론'으로 개혁의 핵심이념을 제시하였다. 제1단계는 '원바오(溫飽) 사회'로 기본적 의식주가 해결되는 사회, 제2단계는 '샤오캉(小康) 사회'로 삶의 질이 보장되고 만민이 중등 이상의 복지를 누리는 사회, 제3단계는 '다퉁(大同) 사회'로 모든 만민이 평등하고 재화가 공평하게 분배되는 태평성대의 사회를 건설한다는 것이다. '원바오 사회'는 1987년 당시 일인당 300달러 수준을 20세기말까지 4배로 향상시키고, 공산당창건 100주년인 2021년까지 다시 2배로 향상시켜 삶의 질이 보장된 중진국을 건설하며, 중국건국 100주년인 2049년까지 글로벌 리더로 선진국에 진입하여 태평성대의 시대를 여는 국가정책 100년 대계를 제시한 것이었다. 이러한 개혁목표는 당-정협력 지배의 국가시스템에 의해 장기적으로 추진되고 있다. '원바오 사회'는 20세기 말에 이미 달성한 것으로 보고 있으며, 현 단계 중국의 당면목표로서 2012년 중국공산당 제18차 대회와 2017년 제19차 대회에서 공산당 주석 후진타오와 시진핑은 각각 '중국특색의 사회주의' 노선에 따른 전면적인 '샤오캉 사회' 건설을 강조한 바 있다. 중국은 지금 14억 중국인의 꿈 '다퉁사회'를 향한 복지 부문의 굴기가 일어나고 있는 것이다.

'중국몽'(中國夢)으로 일컬어지는 이와 같은 현대화된 국가건설 목표 달성을 위해 공산당지배의 당-정이 주도적인 역할을 하고 있다. 개혁초기에 정치개혁의 주요 의제로 당과 정의 분리가 시도되었으나 이러한 급진적 개혁은 천안문사태를 계기로 중단되었다. 이에 따라 당-정의 결합은 중국정치와 정책결정과정에서 40년의 개혁이 추진된 현재까지도 핵심적인 위치를 차지하고 있다. 지방정부와 사업단위의 정책추진에서도 당의 리더십이 보장되었고 전문적인 정책결정에 당의 역할을 결합하였다. 대부분의 정책결정과정에서 책임을 수행하는 것은 행정조직의 관료이다. 당은 정책결정의 권한을 행정관료에 주는 반면에, 당의 역할은 정책과정을 감독하거나 선전과 대중동원을 통하여 정책수행을 돕는 방식이다.

중국의 정치시스템 내에서 가장 중요한 특징의 하나는 전반적인 정책결정과정이 당-정(party-state)의 지배적인 역할을 통하여 수행된다는 점이다. 정책적 이슈는 대중적 논쟁의 대상이 아니라 당과 정부기관들에 의하여 검토되고 논의되는 사항이다. 정책결정과정에서 당-정과 엘리트의 독점적인 역할은 서구 민주주의 국가들의 정책결정과정과는 확연하게 다르다.

1970년대말에 시작된 개혁은 전반적인 정치경제체제의 개혁을 목표로 하였다. 개혁정책의 새로운 이념적 혁신은 정치의 주요 쟁점을 과거와 같은 계급투쟁이 아닌 강력한 국가경제재건에 두었으며, 중국공산당과 사회주의체제의 정당성은 인민의 생활수준 향상에 두어졌다. 물론 이것이 사회주의의 기본이념을 포기한 것은 아니다. 1980년대에 정치개혁의 주요 의제의 하나는 당과 정부행정의 분리하는 것이었다. 그러나 이것은 당의 위치와 역할을 약화시키는 것으로서 곧바로 이러한 급진적 정치개혁은 중단되었다. 당-정의 역할은 중국정치와 정책결정과정에서 40년의 개혁이 진행된 현재까지도 여전히 중요하다. 지방정부와 사업단위에서 당의 리더십이 헌법상으로 보장되고 있다. 이에 따라 정책결정가들은 당의 지도력을 전문적인 정책문제에 결합하기 위하여 노력하였다. 그러나 이러한 노력에도 불구하고 전문성이 부족한 당료가 실용적인 경제사회문제를 해결하기에는 심각한 어려움을 초래하였다. 따라서 대부분의 정책결정과정에서 책임을 수행하는 것은 행정조직의 관료이다. 당은 행정관료에 보다 많은 정책결정의 권한을 주게 되었고, 당의 역할은 이러한 과정을 감독하거나 필요한 경우 선전과 대중동원을 통하여 정책수행을 돕는 것이다.

행정개혁의 과정에서 개혁의 주요 과업은 과학적 정책결정을 성취하는 것이었으며, 보다 많은 전문성을 지닌 행정관료들은 정책결정에 깊이 참여하게 되었으며 행정조직 내외부의 연구기관의 정책결정과정에의 참여도 증대하였다. 중국정치의 이러한 실용화 경향은 개혁의 진행과 공산주의 이념의 약화에 따른 것으로 개혁의 심화와 함께 더욱 분명하게 나타나고 있다.

정책결정과정을 정책의 창출(initiation), 형성(formation), 실행(implementation)이란 관점에서 볼 때(Peng, 2003: 40-46), 우선 정책의 창출단계에서 다양한 정부조직과 사회로부터의 정확하고 충분한 정보의 수집이 중요하다. 서구와 같은 대의정치 조직이나 대중적 의사표출이 없는 중국에서 당-정은 스스로 그러한 정보를 수집하여야 한다. 급속한 경제발전과 사회변화를 경험하고 있는 중국에서 당-정의 정책수립을 위한 정보수집과 문제 확인의 책임은 막중한 것이다. 이에 따라 중국은 다음과 같은 정보수집의 제도적 장치를 마련해놓고 있다. 첫째, 중국은 정책문제를 전문적으로 연구하는 연구기관을 당과 정부조직에 마련해두고 있다. 둘째, 중앙과 지방행정조직의 사무청 내에 정책창출의 책임을 지닌 관료들이 있다. 셋째, 당-정은 중앙과 지방 수준에서 신화통신을 이용한 정보수집체계를 갖추고 있다. 매스미디어와 기타 학술적 출판물들도 정책형성을 위하여 활용된다.

정책형성단계에서 정책결정의 방법은 사안에 따라 달라지며, 두 가지 방법이 있다. 첫째는 정책의 내용을 문서로 발표하는 것으로 당과 행정조직에서

이 방법은 자주 사용되어 왔다. 당과 정부조직에서 나오는 문서는 법률과 동동한 중요성을 갖는다. 두 번째 방법은 입법의 정책결정과정이다. 최근 중국의 당-정은 정책문서를 발표하는 것보다 입법이 효과적임을 인식하고 있다. 이에 따라 중국의 입법기관들이 정책형성과정에서 중요한 역할을 수행하고 있다. 그러나 서구 민주주의 국가들에 비하여 중국의 입법부의 역할은 상대적으로 약한 편이다.

중국에서 정책실행단계는 두 가지 방법이 있다. 하나는 정부조직의 관료적 위계이다. 정책의 실행은 중앙에서 지방에 이르기까지 공식적 조직체계에 의존한다. 그럼에도 불구하고 중국의 낙후된 사회경제적 환경은 행정의 비효율을 초래하는 장애가 되고 있어 행정의 현대화는 당-정이 극복해야 하는 필수적인 과제이다. 둘째, 정책의 실행은 행정조직만으로는 어려운 경우가 있기 때문에 당이 정책실행을 위하여 정부조직을 돕기도 한다. 당은 관료적 위계에 의존하기 보다는 정책수행을 위한 동원기술을 활용한다.

개혁개방이 당면한 경제사회문제

2018년은 1978년 중국공산당 제11기 제3차 중국공산당 전체회의 결정에 의한 개혁개방 이후 40년이 경과하는 역사적인 해를 맞이하였다. 중국은 이 기간 동안 사회주의 계획경제로부터 시장경제로의 엄청난 변화와 경제적 발전을 경험하였다. 1978년 이후 1980년대 기간 중에는 '가격법칙의 역할중시', '시장조절의 역할 강화' 등의 개념이 사용되면서 조심스럽게 시장경제에로의 변화를 추구하였으며, 특히 1992년 제14기 공산당대회에서 '사회주의시장경제'라는 개념을 공식적으로 도입하여 중국특색의 사회주의시장경제개혁이 추진되었다. 2015년말에는 GDP 생산이 1978년에 비하여 약 190배로 증가하였으며, 연평균 10% 내외의 고도성장을 기록하였다.

<표 1> 개혁개방 이후 중국경제 지표의 변화

지표	1952	1978	1990	2000	2010	2015
총인구 (만명)	57,482	96,259	114,333	126,743	134,091	137,462
도시인구	7,163	17,245	30,195	45,906	66,978	77,116
농촌인구	50,319	79,014	84,138	80,837	67,113	60,346
국내총생산(1억위안)	679.0	3,645.2	18,667.8	99,214.6	401,202.0	685,505.8
제1차산업	342.9	1,027.5	5,062.0	14,944.7	40,533.6	60,870.5
제2차산업	141.8	1,745.2	7,717.4	45,555.9	187,581.4	280,560.3
제3차산업	194.3	806.5	5,888.4	39,714.0	173,087.0	344,075.0
총취업인구(만명)	20,729	40,152	56,740	72,085	77,253	77,451
취업구조(%)						
제1차산업	83.5	70.5	60.0	50.0	36.7	28.3
제2차산업	7.4	17.3	21.4	21.4	28.7	29.3
제3차산업	9.1	12.2	18.6	28.6	34.6	42.4

자료: 중국통계연감, 1995; 2001; 2011; 2016.

위의 〈표 1〉는 2015년말까지 급속한 도시인구의 증가, 2차, 3차 산업의 생산증가, 총취업인구의 증가와 취업구조의 변화 등 중국의 산업화와 도시화가 급속하게 진행되어 왔으며, 21세기에도 이러한 변화와 성장이 지속되고 있음을 보여주고 있다. 도시화비율은 1978년의 17.9%에서 2000년 36.2%, 2016년 57.4%로 증가하였다. 2015년말 현재 중국의 인구는 총 13억 7,462만 명이며, 이중 도시인구는 7억 7,116만 명, 농촌인구는 6억 346만 명에 달한다. 국내총생산은 68조 5,505억 위안, 총 취업인구는 7억 7,451만 명에 이르고 있다.

한편, 20세기말까지 중국의 경제개혁과정을 단계별로 분석한 한 연구(이일영, 1997)에 의하면, 중국의 경제개혁은 농촌개혁 위주의 제1단계(1978-84), 개혁이 도시로 확대된 제2단계(1984-1989), 천안문사태 이후 부분적 재중앙집권화(1989-1992), 덩샤오핑의 남순강화 이후 제4단계(1992-1999) 네 단계로 이루어졌다.

제1단계에서는 농촌개혁이 전체 경제개혁의 시발점이 되었으며, 개별농가에 대한 생산책임제가 도입되고, 대약진운동 이래 형성된 인민공사-생산대대-생산대의 집단농업체제가 붕괴되었다. 이 단계의 농업부문의 성장률은 10.6%, 공업부문은 7.8%를 기록하였다.

제2단계에서는 개혁의 중점이 농촌에서 도시로, 농업에서 공업으로 이동하였다. 또한 농촌의 소도시를 중심으로 향진기업의 발전이 급속하게 이루어져 중국경제성장의 원동력이 되었다. 경제성장률은 농업부문이 5.0%로 다소 정체된 반면, 공업부문은 14.5%를 기록하였다. 제3단계에서는 천안문사태 이후 부분적 재중앙집권화가 진행되었으며, 경제성장은 다소 정체되었다.

제4단계는 덩샤오핑이 중국 남부지역을 시찰하고 개혁개방의 확대를 강조한 이후 제도개혁을 강화하고 고도성장이 이루어져 1992-96년간 공업부문의 경제성장은 17.6%에 달하였다.

하지만 개혁개방과 경제성장은 다양한 사회경제적 문제를 양산하였다. 농촌에서 도시로의 탈농촌 인구 이동, 국영기업의 적자와 파산, 실업의 증가, 도시와 농촌의 빈곤문제, 소득계층간 불평등의 증가, 도시와 농촌간의 생활수준의 격차가 발생하였다. 또한 계획경제에서 시장경제로 전환하는 과정에서 구체제의 사회보장제도의 기능 약화로 인한 소득보장, 보건의료, 교육을 포함한 삶의 질이 저하하는 문제가 발생하였다.

(1) 실업문제

중국의 공식적인 등록실업율(도시)은 1978년 5.3%를 기록하였으니 1980년대와 1990년대에는 2~3%의 비교적 낮은 실업율을 보였고, 2000년 이후 매년 약 4% 정도의 실업율을 나타내고 있어서 전반적으로 완만하게 증가하고 있으나 비교적 그 수준은 낮은 편이다(중국노동통계연감, 2016). 2015년말 현재 도시지역 등록실업인구는 966만 명에 이르고 있다. 그러나 등록되지 않은 실업자를 포함하면 1990년대까지 실업율은 8% 내외에 이르렀으며, 국영기업에서 해고된 '시아장'(下崗) 근로자를 포함하면 20%를 차지하였다고 한다. 실업의 원인은 인구요인, 체제요인, 구조적 요인, 경기요인 등으로 분석되었다(梁宜勇, 1998: 69-71).

특히 체제변화에 따른 구조적 요인으로 국영기업의 경영부실로 인한 파산, 폐업, 구조조정 등이 심각하였다. 개혁초기 1/3 이상의 국영기업이 적자상태에 있었고 1/3은 잠재적 적자상태인 점을 감안하면, 시장경제로의 전환과 함께 공식적 실업은 앞으로도 증가할 가능성이 있다. 2000년대 초 당시 도시지역의 실업인구의 원인별 구성을 보면, 구조조정으로 인한 시아장(laid-off) 실업 42.7%, 실직(lost job) 29.6%, 졸업후 미취업상태 21.0%, 기타 6.7%로 구성되어 있었다. 따라서 국영기업의 부실과 구조조정에 따른 시아장 실업이 실업문제의 핵심요인이었음을 알 수 있다(중국통계연감, 2003: 174).

그리고 이 수치는 도시지역의 실업율이며, 농촌의 잠재실업을 고려하면 실업의 문제는 더욱 심각하다. 중국은 산업화가 진행되면서 탈농촌과 도시에로의 인구이동이 진행되어 왔다. 이른바 '농민공(農民工)'의 대열이 전국적으로 나타났다. 그동안 농촌노동력 중 향진기업과 농민공 노동자로서 취업한 인구 약 1억 명을 감안하더라도 현재도 1억 명의 잉여 농촌노동력이 잠재실업군으로 존재하고 있다. 중국당국은 이러한 인구이동으로 인한 사회혼란을 방지하기 위하여 농촌과 도시 호적제를 구분 실시하여 인구이동을 억제하고 있다. 하지만 2016년 현재 도시에 거주하는 농민공을 비롯한 유동인구 수는 2억 4,500만 명에 이르고 있으며, 농촌의 잠재실업인구는 언제든지 농민공 행렬에 참여할 대기를 하고 있다.

(2) 농민공과 유수아동, 이주아동 문제

잉여 농촌노동력의 도시로의 인구이동은 또다른 사회문제를 발생시키고 있다. 농촌에 남은 '유수아동'(留守兒童)의 문제가 그것이다. 탈농촌 이동인구인 '농민공(off-farm workers)'의 자녀가 농촌에 남게 됨으로써 유수아동이라는 신조어가 생겨나게 되었다. 중국의 인구통계에 의하면, 2000년 중국의 유동인구는 1억 2,100만 명, 2010년 2.21억 명에 이르렀으며 2016년에는 2.45억 명에 달하였다. 이에 따라 2000년에 1,981만 명이었던 중국 유수아동 인구는 2010년에 6,103만 명에 육박하였다. 10년 사이에 유수아동의 총수가 3배나 증가한 것이다. 최근 통계결과에 의하면, 중국의 6세 이상 18세 미만 유수아동은 7,918만 명이며 6세 이상 14세 미만 유수아동은 6,755만 명이 있다. 이는 중국의 9년제 의무교육방침에 따른 중국의 학령아동 중 유수아동이 6,755만 명 존재한다는 것을 의미한다. 그리고 중국 유수아동은 중국 아동 인구의 25%를 차지하고 있으며, 중국 유수아동의 비율 중 농촌유수아동의 비율은 총 유수아동인구의 87.52%를 차지하고 있다.

유수아동의 가장 큰 특징은 합법적인 부모가 존재함에도 불구하고 장기간 부모와 떨어져서 생활함으로 나타나는 아동의 문제이다. 유수아동이 부모와 같이 도시로 이동할 수 없게 만드는 가장 큰 장애는 도시호적 문제, 높은 생활비 지출, 자녀 돌봄 시간의 부족 등이다. 이에 따라 유수아동들이 공통적으로 경험하는 유수아동의 문제는 학업부적응 문제, 행동 문제, 정서 문제, 대인관계 문제 등이다(우상열, 2018).

한편, 도시로 이주한 농민공과 함께 도시로 이주한 아동의 문제가 사회문제로 나타나게 되었다. 2010년 실시한 인구조사에 의하면, 중국의 이주인구는 약 2.2억 명이며 이중 도시이주아동은 3,581만 명이었다. 이러한 거대한 이주아동은 도시 거주아동과 비교할 때 사회문화, 가치관, 생활방식 등에서 차이를 경험함으로 심리사회적 적응문제에 직면하게 된다. 이주아동의 심리적 문제는 소외, 외로움, 불안 등으로 부정적인 자기평가, 퇴행적 성향, 공격적 경향으로 나타나게 된다. 이에 따라 학교규칙 위반, 싸움, 거짓말, 도둑질 등 문제행동이 도시 거주아동 보다 높게 나타나고 있다.

(3) 빈곤문제

경제개혁 이래 평균주의 분배제도가 폐지되고 사람들의 수입의 격차가 커지면서 노동능력과 생산조건 등의 요인으로 기본적인 생활수요를 충족시키지 못하는 인구가 증가하였다. 중국의 빈곤문제의 일차적 관심은 절대빈곤으로서 개혁개방이 시작된 1978년 당시 8억 명에 달하는 농촌인구중 빈곤인구는 2억 5,000만 명으로서 1978년 소득표준의 빈곤율은 30.7%에 달하였다. 2010년 소득표준으로 하면, 2010년도의 농촌빈곤인구는 1억 6,567만 명으로 빈곤율은 17.2%이었다. 2015년말 현재 농촌빈곤인구는 5,575만 명으로 2010년 소득표준으로 빈곤율은 5.7%로 나타나고 있다(중국통계연감, 2016: 202). 그러나 현재의 소득표준으로 하면 농촌빈곤율은 이 보다 훨씬 높아질 것이다.

빈곤계층은 농촌의 구조적인 빈곤문제 외에, 노인, 장애인등 부양의무자가 없거나 노동능력이 없는 전통적인 사회부조 대상자, 탈농촌인구중 상당수가 도시에서 직장을 구하지 못하고 유랑하는 인구가 증가하고 있으며, 국영기업 등의 파산이나 '시아장(下崗)'으로 인한 장기실업의 빈곤인구가 증가하는 현상이 나타나게 되었다. 개혁개방으로 소득수준이 향상되고 있으나 인플레로 인한 생활의 질적 하락이 나타나고 있다. 또한 도시와 농촌, 부자와 빈자간의 소득격차가 커져 불평등에 의한 상대적 빈곤도 확대되고 있다. 따라서 농촌지역의 구조적 빈곤에 대한 대책과 도시와 농촌의 지역에 따른 최저생계수준의 표준설정과 제도화 및 이에 따른 빈곤대책이 요청되고 있다.

(4) 보건의료문제

중국은 1950년대초에 사회주의체제가 수립된 이후 국가부담의 공비(公費) 의료제도를 도입하여 운영하여 왔다. 농촌에는 인민공사를 중심으로 한 집단적

의료서비스체계가 존재하였다. 그러나 도시의 공비 의료제도는 국가기관이나 사업단위, 국영기업 근로자를 대상으로 한 것이어서 경제개혁 이후 민간기업의 근로자가 증가하고 있는 상황에서 그 적용범위가 매우 한정되어 있고 개혁개방 이후 의료비용의 증가와 국가재정의 부족으로 의료수준이 낙후되어 근본적인 개혁이 필요한 상황에 처하게 되었다. 특히 공비 의료제도는 시장경제체계에 부합하는 체계로서 가입자 본인과 기업 부담의 새로운 의료보장체계로 전환되어야 하는 개혁의 필요성에 직면하게 되었다.

<표 2> 중국 농촌의 보건 위생시설과 인력 현황

구분	단위	1995	2000	2015	2016
향진 위생원 수	개	51,797	49,229	36,817	36,795
향진 위생인원 수	명	1,051,752	1,169,826	1,277,697	1,320,841
병상 수	개	733,064	734,807	1,196,122	1,223,891

자료: 중국농촌통계연감, 2017, p.317

또한 개혁개방이 진행되는 초기에는 농촌에 거주하는 8억 명 이상의 농촌인구가 인구의 다수를 차지하고 있었고(2015년 현재 농촌인구는 6억 명으로 감소), 농민을 대상으로 한 농촌의료서비스체계는 향진의 위생원이 중심이 되는 예방적 차원의 일차 의료서비스 중심으로 운영되어 왔으나 그 질적 수준이 매우 낮은 실정이다. 더욱이 개혁개방 이후 개별가정이 생산에 대한 책임을 갖는 가정승포책임제의 도입으로 1980년대초에 인민공사가 해체되었다. 농촌은 인민공사를 기반으로 한 지역공동체의 사회보장 지원체계가 붕괴되었고, 시장경제체제의 도입으로 자비 부담의 의료체제로 전환되고 있는 실정에서 대다수 농민들은 의료비의 부담이 커서 의료보장의 실절적인 혜택을 받지 못하고 의료보장체계에서 소외되는 문제점을 가져오게 되었다.

경제개혁과 사회보장의 관계

개혁정책 이후 급속한 경제발전을 성취한 중국정부는 21세기에 들어 경제성장과 사회발전의 조화를 추구하는 새로운 발전개념을 도입하였다. 중국의 국가발전개혁위원회(National Development and Reform Commission)의 문헌에 의하면, 이것은 이른바 과학적 발전(Scientific Development)의 개념으로서 포괄적이고 조정적이며 지속가능한 발전이며, 경제와 사회발전의 균형, 인간의 전인적 발전을 도모한다는 것이다. 포괄적이고 조정적이며 과학적인 발전은 도시와 농촌, 지역간 균형발전, 경제와 사회발전, 인간과 환경간의 조화로운 발전, 내부 성장과 외부에의 개방간의 조화를 의미한다(Zhu, 2004). 사회보장의 기능은 경제, 사회, 환경간의 조화로운 발전에 기여한다. 따라서 사회보장제도를 수립하고 향상시키는 것은 철저한 과학적 발전개념의 수행을 위하여 필수적인 것이다. 중국은 발전의 과정에서 효율과 형평, 경제성장과 사회발전, 부의 성장과 생활수준의 전반적 향상에 동등한 중요성과 균형의 필요성에 직면하였다. 중국의 경제발전 수준에 적합한 사회보장체계의 발전은 이러한 요구를 충족하기 위한 중요한 수단이라는 것이다.

첫째, 사회보장체계는 사회주의 시장경제체계를 위한 근간으로서 기능을 수행한다. 개혁개방이후 중국은 계획경제로부터 사회주의시장경제로의 전환을 가져왔다. 시장의 힘이 사회적 자원의 할당에 기본적인 역할을 수행하게 되었고, 국가경제는 전면적 개혁과 급속한 성장을 경험하였다. 기업이 근로자의 연금지급과 복지에 직접적인 책임을 지는 과거의 정책은 새로운 사회계층의 욕구를 충족하는데 실패하였으며, 치열해지는 시장경쟁체계 하에서 사회적 취약계층을 위한 사회보장의 구축이 긴급한 요구가 되었다. 이 문제에 대한 적절한 해결책이 없이는 사회주의시장경제는 순조롭게 기능을 수행할 수 없다. 이러한 관점에서 중국정부는 경제개혁과 함께 사회보장체계의 개혁을 추진하여 왔으며, 사회보장체계를 경제체계의 근간으로 간주하게 되었다. 중국의 개혁개방의 점진적 진보는 사회보장체계의 수립과 발전에 달려 있음을 경험을 통하여 입증되었다. 현 단계에서 다수의 경제문제가 해결을 요구하고 있으며, 경제개혁의 심화는 사회보장체계의 지원을 필요로 하고 있다. 동시에 경제개혁은 사회보장의 진보를 촉진하는 우호적인 조건을 창출할 것이다.

둘째, 사회보장체계의 수립과 발전은 사회안정을 유지하는 보장이 된다. 중국은 현대화 정책의 중요한 단계에 도달하였으며, 경제와 사회구조의 심원한 변화가 일어나고 있다. 이에 따라 다양한 이해집단간의 관계, 경제성장과 사회발전의 관계, 그리고 개혁, 발전, 안정간의 관계를 적절하게 유지하는 것이 매우 중요하다. 건전한 사회질서와 안정이 없이는 중국의 현대화 정책의 수행이 어렵다. 이러한 관점에서 사회보장체계의 수립과 발전은 취약계층을 위해서 뿐 아니라 전체사회의 욕구를 충족하여야 한다. 사회보장체계는 시장경제에 참여하는 사람들에게 동등한 기회를 보장하고, 발전을 위하여 필요한 인적 자원을 안전하게 보호하고, 소득분배에 의하여 생산을 자극하고 경제를 활성화시키는 것을 목표로 하여야 한다. 따라서 사회보장체계의 향상은 조화로운 경제사회발전을 도모하고 국가의 장기적인 안정을 보장하게 된다.

사회보장은 경제발전과 개혁과정과 병행한다. 중국의 경제성장은 사회보장체계의 발전을 위한 기초가 되었다. 2003년 현재 중국의 국내총생산은 1조 1,689억 위안에 달하였으며 1인당 GDP는 미화 1,000$를 초과하였다. 이러한 급속한 경제성장은 사회보장체계의 건전한 기반이다. 사회주의 시장경제개혁의 방향에 따라 사회보장 영역에서는 일련의 개혁이 진행되어왔다. 개혁개방 이후 중국정부는 수년간 사회보장에 관한 실험적 프로젝트를 점진적으로 수행하였고 사회보장에 대한 투자를 지속적으로 확대하였다. 그리고 시장경제의 진전과 함께 보다 심충적인 사회보장 개혁이 진행되고 있으며, 양로연금은 국가와 국영기업의 책임에서 벗어나 사회적 연대와 개인계정을 결합한 제도를 수립하였고, 의료보험도 기업과 개인이 공동으로 비용을 부담하는 제도를 수립하였다. 시장경제의 도입으로 나타난 실업문제에 대응하는 실업보험과 노동자의 재해에 대응하는 산재보험, 여성근로자의 출산에 대비하는 생육보험을 수립하였다. 도시와 농촌의 빈곤문제 해결을 위하여 주민의 기본적 생존권을 보장하는 최저생활보장제도가 도입되었고, 농촌지역에서는 개인과 기업, 지역정부에 의한 새로운 합작의료보장제도가 도입되었다.

사회보장제도를 보다 심화 발전시키기 위해서는 우선 지속적인 경제발전이 요청된다. 21세기의 초기 20년은 중국의 발전을 위한 매우 중요한 전략적 기회의 시기로 이해되고 있다. 국제적인 무대에서 평화와 발전은 두 가지 중요한 지구적 차원의 의제이며, 국가의 발전을 가속화하기 위하여 유리한 국제적 환경을 적극 활용하여야 한다. 국내적 무대에서도 발전을 가속화하는 유리한 환경이 조성되고 있다. 중국은 이러한 전략적 기회를 잘 활용하여 지속가능한 경제성장을 이룩하고 사회보장의 건전한 기초를 마련한다는 것이다. 둘째, 사회주의 시장경제의 지속적인 발전과 함께 사회보장체계의 향상은 보다 심도있는 개혁을 요구한다. 현 상황에서 사회보장에 대한 투자를 증대하는 것은 필연적인 것이며, 만약 제도와 관련된 문제를 해결하지 못하면 사회보장에 대한 투자는 효과를 발휘하지 못하고 새로운 문제를 낳게 될 것이다. 현재까지의 사회보장제도는 낮은 사회적 풀(pool), 행정의 중복, 정책의 일관성 부족 등 문제를 안고 있다. 제도개혁의 관점에서 사회보장은 거대한 '중국몽'의 이상 아래 경제적 목표뿐 아니라 사회적 목표를 갖고 있다. 따라서 사회보장체계를 향상시킴에 있어 경제발전과 사회발전의 모든 방면으로부터의 요구를 조정해야 하는 과제를 안고 있다.

이 책은 '중국몽'을 향한 사회보장 개혁 과정의 포괄적인 이해를 목적으로 하고 있다. 구체적으로는 중국몽이란 국가 비전의 형성, 제도의 연혁과 개혁과정, 경제개혁 및 사회발전과의 관련성을 고찰하고, 사회보장제도 개혁을 가져오게 한 도전으로서 국영기업의 부실과 과잉고용의 문제, 노동 및 임금체계의 문제, 사회보장개혁의 구조와 원칙, 사회보장의 분야별 과제와 개혁의 내용을 구체적으로 분석할 것이다. 특히 사회보장의 핵심적 제도로서 양로보험, 의료보험, 실업보험, 산재보험, 출산보험, 공공부조와 사회복지서비스 분야별로 살펴보며, 나아가 21세기 중국몽과 사회보장 개혁의 중국적 특성과 전망을 살펴볼 것이다.

Chapter 2

중국 사회보장이 걸어온 길

·
·
·

사회보장제도의 연혁
체제개혁 이전의 사회보장

2

중국 사회보장이 걸어온 길

사회보장제도의 연혁

사회보장제도의 창립시기(1949~1956)인 사회주의정권 수립 초기에 중국이 당면한 문제는 피폐한 민생의 문제였으며, 사회보장제도의 건립은 중국인민정부의 가장 중요한 과제중의 하나였다. 당시 사회보장제도의 건립은 이미 20세기초 러시아 혁명시기에 레닌에 의하여 제시되었던 급여와 서비스의 보편성, 포괄성, 노동자참여, 국가책임의 원칙이라는 사회주의 이념의 규범적 요구에 기초한 것이었다. 1951년 2월26일 정무원은 〈중화인민공화국 노동보험조례〉를 공포, 시행하였고, 1952년 6월에는 〈각급 인민정부, 정파단체 및 소속 사업단위의 국가근로자 공비의료실행에 관한 지시〉, 동년 〈각급 인민정부 근로자 질병시 대우 시행방법〉, 1955년 12월 〈국가기관

근로자 퇴직 시행규정〉을 제정하였다. 1951년 6월에 〈실업노동자구제 시행규정〉을 제정하여 도시근로자의 구제원칙과 구체적 조치를 확정하였고, 〈혁명열사가족, 혁명군인가족우대 시행조례〉를 제정하였다. 또한 사회복지서비스 방면에서는 인민정부가 과거의 자선조직들을 접수하여 새로운 체제의 양로원, 복지원, 정신병 요양원 등으로 변화시켰다.

이후 '문화대혁명'까지는 사회보장제도의 발전시기(1957~1966)로서 사회주의계획경제의 발전과 생산력의 증가, 사회적 안정으로 사회보장체계의 점진적인 발전이 이루어졌으며, 근로자퇴직제도의 통일과 대우의 개선, 농촌지역 현, 향, 촌 3급 의료보건망의 확충과 합작의료보건제도의 건립이 이루어졌다.

그러나 곧이어 전개된 '문화대혁명'으로 사회보장제도의 혼란과 정체시기(1966~1977)에 들어가게 되었으며, 사회보장사업과 기타 경제, 문화사업이 대규모 파괴와 정체, 퇴보의 상태에 빠지게 되었다. 사회보장의 업무를 주관하는 부서가 파괴되고 노동보호 업무를 주관하는 노동조합 활동이 정지되었으며, 사회보험기금의 관리 등 행정업무가 중단되었다.

1978년 12월 중국공산당 제11기 3중전회 이후 중국은 덩샤오핑이 주도한 개혁개방의 시기에 진입하였으며, 이 시기는 사회보장제도의 회복과 개혁시기(1978~2005현재)에 해당한다. 경제사회체제는 전면적인 개혁을 진행하였으며, 사회보장의 조직체계도 회복되고 새로운 개혁단계에 진입하였다. 1978년 2월에 민정부가 신설되었고, 국가는 일련의 사회보장제도에 관한 조례와 방법을 반포하고 시행하였다.

특히 1986년 이래 경제체제 발전의 상황에 근거하여 국가중심의 사회보장제도의 개혁을 진행하였다. 경제개혁과 함께 국영기업과 근로자고용시스템의 개혁, 국가재정에 의한 의료보장제도 개혁, 양로보험의 개혁, 사회보장 관리체계의 개혁이 이루어지고 있으며, 사회보장 항목에 대한 국가의 재정지출이 증가하였다. 그러나 20세기말의 시점에서 급속하게 발전하고 있는 사회주의시장경제 발전의 수요와 인민대중의 요구간에는 상당한 격차가 있었다. 21

세기의 '중국몽'에 기초한 사회보장제도 개혁은 새로운 체제의 발전에 적합한 보다 심도있는 단계로의 진입이 요청되고 있다.

체제개혁 이전의 사회보장

체제개혁 이전에 중국은 도시와 농촌지역에서 광범위한 사회정책 프로그램을 운영하여 왔으며, 그 주요내용은 다음 〈표 3〉과 같다. 체제개혁 이전의 사회정책은 사회주의이념과 사회주의경제체제에 기초하고 있었으며, 다음과 같은 특성을 지니고 있었다. 첫째, 생산수단의 국가소유이다. 1950년대 이후 모든 생산수단은 국가소유와 집단소유로 전환되었으며, 이러한 소유형태는 사회정책에 대한 국가개입의 기초가 되었다. 둘째, 중앙집권적 계획경제이다. 계획경제 하에서 경제활동에 관련된 모든 주요 국가자원은 정부에 의하여 통제되었으며, 따라서 정부는 사회정책의 수행에 필요한 자원을 동원할 수 있었다. 셋째는 평등주의 이념이다. 평등주의 이념은 사회정책에 대한 정부의 능동적인 역할 수행을 요구하는 근거가 되었다.

이러한 배경 하에서 체제개혁 이전의 사회보장은 도시와 농촌지역에서 별도의 제도를 갖고 시행되었다. 도시지역에서는 기본적인 생활필수품에 대한 정부의 재정보조가 이루어졌으며, 국가부문 근로자에 대한 노동보험으로서 연금, 의료서비스, 직업상 재해보상 등이 시행되어다. 그리고 3무(노동능력, 가족, 소득) 계층에 대한 현금급여가 제공되었다. 농촌지역에서는 가족의 지원이 없는 노인과 장애인에 대한 5보(食, 衣, 住, 医, 葬) 구제제도와 자연재해 발생시에 구제제도가 시행되었다.

<표 3> 체제개혁 이전의 사회보장

영역	도시지역	농촌지역
사회보장	1. 기본적인 생활필수품에 대한 정부의 재정보조 2. 국가부문 근로자에 대한 노동보험-연금, 의료, 직업상 재해보상 등 3. 3무(노동능력, 가족, 소득)에 대한 현금급여	1. 가족의 지원이 없는 노인과 장애인에 대한 5보 구제제도 2. 자연재해구제제도
교육	1. 초중등 공립학교 및 기타 교육에 대한 정부와 국영기업의 재정지원, 낮은 교육비용 2. 고등교육에 대한 무상지원	1. 농촌집합조직체의 재정지원, 정부보조에 의한 초등 및 중등교육 2. 낮은 교육비용
보건	1. 예방적 보건에 대한 정부와 국영기업의 지원 2. 정부지원의 공공병원서비스	1. 농촌집합조직체의 재정지원, 정부보조에 의한 예방보건활동 2. 농촌집합경제에 의한 농촌합작의료제도
고용	1. 완전고용정책-모든 도시근로자에 대한 직업할당 2. 종신고용의 보장	농지의 국가소유에 기초한 모든 농업노동의 완전고용
주택	1. 공공주택-국가와 기업소유주택의 할당 2. 기본적 유지수준의 낮은 임대료	없음
사회복지서비스	1. 가족이 없는 노인, 장애인, 아동에 대한 정부지원의 공공보호시설 2. 국영기업과 지역조직에 의한 아동보육, 노인보호	일부 집합조직체의 지원에 의한 노인, 장애인 보호시설

자료: Guan, 2000: 116-7.

구체제에서 도시지역의 사회정책 프로그램들은 국가의 예산 또는 국영기업의 비용으로 충당되었다. 농촌지역에서는 사회정책 프로그램들이 집단농장과 같은 농촌집합조직체에 의하여 충당되었다. 개혁이후 정부는 새로운 제도 하에서 여전히 중요한 책임을 수행하고 있지만, 정부는 재정적 책임을 줄이고 기업과 개인 등 다른 경제부문들의 책임을 확대하는 이른바 복지제도의 사회화(societalization)를 진행하고 있다. 개혁개방 이후 중국에서 복지제도의 사회화란 국가책임을 확대하는 서구국가의 개념과는 반대로 복지의 책임을 국가와 기업, 개인 등 3자부담의 원칙 하에 비용을 공동으로 부담하는 복지다원화를 의미한다.

구체제에서 국영기업은 근로자에 대한 복지제공의 책임을 지니고 있었다. 이러한 복지제공은 재직 및 퇴직근로자와 가족에 대한 사회보장과 기타 복지서비스를 포함하는 것이었다. 개혁 이후 도시 국영기업들은 이러한 복지제공의 책임을 내려놓게 되었다. 개혁 이후 정부와 기업간의 재정적 연계가 단절되었으며, 이에 따라 복지지출은 기업의 책임이 되었으나, 동시에 사회보험을 제외한 기업의 복지제공 책임은 없어지게 되었다. 시장경제체제에서 국영기업과 민간기업이 살아남기 위해서는 사회보험의 운영방식에서도 개인, 기업, 국가 부담의 새로운 사회보장체계를 도입해야 하는 도전에 직면한 것이다.

Chapter 3

사회보장 개혁의 도전과 방향

국영기업의 개혁과 사회보장
노동 및 임금체계의 변화
사회보장 개혁의 원칙
사회보장의 기본구조와 현황
사회보장의 구조와 재정

3

사회보장 개혁의 도전과 방향

국영기업의 개혁과 사회보장

1949년 중화인민공화국이 수립된 이후 중국은 중앙집권적 계획경제를 운영하여 왔으며 1978년 개혁이 시작되기까지 중국의 기업은 국가가 소유하는 형태가 지배적이었다. 정부는 중앙집권적 계획경제에 의하여 국영기업의 생산을 결정하였으며 이윤과 손실은 국가에 귀속되었다. 따라서 기업은 경제활동에 대한 자율성을 갖지 못하였고, 기업의 일차적 관심은 상부기관이 할당한 생산량을 충족시키는 것이었으며 이윤을 추구하는 데에는 관심이 없었다. 1978년에 시작된 시장경제에로의 경제체계의 개혁은 매우 조심스럽고 점진적으로 수행되었는데, 이는 실험과 점진주의로 특징지어진다. 또한 향진기업의 발전으로 특징지어지는 농촌의 경제개혁은 아래로부터 시작된 반면, 국영기업의 개혁은 위로부터 아래로 진행되는 접근방식을 취하였다.

국영기업의 개혁은 대체로 3단계로 진행되어왔다. 첫 번째 단계는 1978-1984년간으로 국영기업의 지위가 정부의 사업소로부터 독립적인 경제단위로 바뀌게 되었다. 이 단계에서 국영기업은 생산과 경영에 대한 자율성이 증대하였으며 이익과 손실에 대한 책임을 지게 되었다. 두 번째 단계는 1985년-1992년간으로 정부로부터 기업을 분리시키는 것으로서 소유와 경영을 분리시키는 형태로 진행되었다. 1993년 이후 세 번째 단계에서는 중국에서 현대적 의미의 기업을 육성하는 것이 국영기업개혁의 핵심과제이었다. 그러나 1997년 이후 경제적 난관으로 정부의 노력은 국영기업을 경제적 어려움으로부터 벗어나게 하는 것에 중점을 두고 있다.

1990년대 이후 국영기업의 개혁은 보다 심각한 도전에 직면하여 있다. 첫 번째 도전은 국영기업의 경제적 성과의 지속적인 퇴보이다. 1997년에 국영기업은 744억 위안의 총손실을 기록하였다. 더욱이 360,678개의 국영기업중 절반이상이 손실을 기록하였다. 중국은 1998년에 이르러 아시아 국가들의 금융위기로 촉발된 부정적인 효과를 경험하게 되었다. 이전부터 손실을 기록하던 국영기업들은 손실이 더 늘어나게 되었으며 이전에 이익을 기록하던 기업들도 점차 손실을 기록하게 되었다. 국가의 핵심 국영기업 512개중 손실을 기록한 기업은 1997년 39개에서 1998년에는 191개로 증가하였고, 이들의 손실은 92.1억 위안에 달하였다.

정부의 이자율 인하 정책으로 국영기업의 부채와 비용은 효과적으로 감소한 반면, 은행저축율의 감소는 소비를 촉진하는데 제한적인 효과만 가져왔다. 1997년 중반이후 가격이 하락하였음에도 불구하고 일반대중은 소비에 소극적이었다. 민간저축은 낮은 이자율에도 불구하고 꾸준히 증가하였다. 성장을 촉진하기 위하여 정부가 취한 또다른 정책의 하나는 투자를 늘리는 것이었다. 1998년에 정부의 고정자산에 대한 투자가 17.4%나 증가하였다. 그러나 그 효과는 미미한 수준에 머물렀다. 실제로 낮은 이자율과 투자의 확대는 국영기업의 문제를 해결하는데 별로 성공적이지 못하였으며, 단지 국영기업이 너무 많은 근로자를 해고하는 것을 막아주었다.

국영기업 개혁의 두 번째 도전은 국영기업이 사회적 의무를 이행하는 것과 시장의 힘에 맞서 대처하는 것 사이에서 심각한 딜레마에 빠지게 되었다는 점이다. 대부분의 경우, 국영기업은 대규모의 과잉노동력의 부담을 안고 있을 뿐 아니라 퇴직자를 위한 연금, 사회보험 기여금과 복지서비스의 제공, 최근에는 해직자(laid-off) 생활보조를 위한 재정지출로 심각한 재정문제에 직면하였다. 또한 여러 가지 사회적 의무 가운데 과잉노동력의 문제는 가장 심각한 문제로 제기되었다. 국영기업 근로자의 20-30%가 과잉고용상태에 있었으며, 이는 1998년말 기준으로 국영기업에 고용된 공식 근로자 5,220만 명중 1,000만 명 내지 1,500만 명에 이르렀다.

그러나 국영기업은 정치적, 경제적 이유로 과잉노동력을 해고함에 제한을 갖고 있었다. 정치적으로 볼 때, 해직된 근로자는 사회불안의 요인이 될 수 있고, 전통적으로 국영기업은 사회적 안정을 유지하는 책임을 수행하여 왔다. 따라서 국영기업은 과잉노동력을 해고함에 있어 매우 신중한 태도를 보였고, 가능한 한 고용을 유지하려고 하였다. 그러나 경제적으로 볼 때, 국영기업이 시장경제에서 살아남기 위해서는 과잉노동력을 감소시켜 효율을 증대시켜야 하며, 이러한 점이 정부에 의하여 장려되었다.

국영기업의 부담에 관한 한, 과잉노동력을 감축시키는 노력은 개혁초기에는 큰 성과가 나타나지 않았다. 1990년대초 이후 과잉노동력은 시아장(下崗) 해직자의 형태로 처리되어 왔으며, 기업은 그들을 돌보기 위하여 재취업센터를 설치하도록 요청되었다. 1998년 9월말 시아장 해직자는 1,000만 명에 달하였으며, 124,000개의 재취업서비스센터에서 보호를 받았다. 국영기업은 이들에게 생활수당의 1/3을 제공하여야 하였다.

과잉노동력을 보호하는 것 외에도 퇴직급여의 제공은 국영기업의 또 다른 부담이었다. 국가경제부문의 근로자는 1995년에서 1998년 사이에 1억 955만 명에서 8,809만 명으로 감소하였고, 2000년에는 8,102만 명, 2004년 6,710만 명으로 다시 감소하였다(중국통계연감, 2005). 그러나 1980년에서 1998년 사이에 퇴직자 수는 638만 명에서 2,783만 명으로 증가하였다. 이에 따라 연금 지급액은 43.4억 위안에서 1,726억 위안으로 증가하였다(중국통계연감, 1999). 국영부문과 도시집체부문, 민정부문을 합한 총 연금지급액은 1990년 369.2억 위안, 1998년 2,073.7억 위안, 2002년말 현재 3,659.5억 위안에 달하였다(중국통계연감, 2003).

또한 1990년대초 이후 여러 가지 사회보험 프로그램의 실행으로 기업의 기여금이 국영기업에 큰 부담이 되었다. 1998년에 기업은 일반적으로 연금기금에 20%, 의료보험에 6%, 실업기금에 2%, 양육보험에 0.7-1%, 산재보험에 0.5-1.5% 기여금을 지불함으로써 임금지출의 30%에 달하였다. 그리고 기업이 재정을 부담하는 복지서비스도 국영기업에 부담이 되었다. 계획경제 기간 중에 마련된 의료보호를 포함한 복지서비스를 기업이 제공하는 관례에 따라 동일한 서비스를 국영기업이 제공하였다. 국가소유경제 부문에서 복지서비스 지출은 1997년에 820.6억 위안이며, 이중 국영기업은 544.5억 위안을 지출하였다.

국영기업 개혁의 세 번째 도전은 정부와 기업을 분리시키는 과업의 어려움이었다. 지금까지는 명백하게 정의된 정부와 기업의 관계 설정이 부족하였다. 경제개혁 기간 동안 정부의 노력은 계약이나 임대, 다양한 형태의 주식회사를 만드는 것에 집중되었으나 그 결과는 만족스럽지 못한 실정이었다. 개혁의 초기에는 효과적이었던 것도 단기적인 효과로 그치는 경우가 많았다. 더욱이 정부-기업관계에 관한 명확한 규정의 부족, 열악한 관리기술은 많은 기업을 적자상태로 몰아갔다.

노동 및 임금체계의 변화

1) 종신고용제에서 계약고용제로의 전환

중국의 경제개혁과 국영기업 개혁의 중요한 요소 중의 하나는 노동체계의 개혁과제이다. 계획경제 기간중 중국은 대부분의 기간 동안 종신고용제를 유지하였다. 이러한 제도 하에서 근로자는 국가의 계획에 따라 기업에 배치되었으며, 그들의 고용은 종신 유지되었다. 기업과 근로자는 서로를 자유롭게 선택할 수 없었으며, 노동의 유동성은 극히 제한되었다. 기업은 근로자의 고용을 거부할 수 없었으며 해고할 수도 없었다. 마찬가지로 근로자는 자신이 배치된 작업 단위를 퇴직할 때 까지 떠날 수 없었으며 직장을 바꿀 자유를 갖지도 못하였다. 이러한 제도 아래에서 근로자의 사기와 기업의 효율성이 저해된 것은 두말할 나위가 없다. 특히 경제개혁이 시작된 이후 종신고용제도는 문제의 초점이 되었다.

2) 비국가 부문 고용의 증대

경제개혁의 또 다른 결과는 고용이 점차 다양하게 되고 복잡하게 되었다는 점이다. 경제부문별 취업인구에 관한 다음의 〈표 4〉에 의하면, 1995년말 1억 7,346만 명의 도시취업인구 중 국유기업 근로자 1억 1,261만 명, 집체기업 근로자 3,147만 명, 사영기업 근로자는 485만 명, 개인자영업 1,560만 명이었다. 반면, 2016년 말에는 4억 1,428만 명의 도시근로자중 국영기업 근로자 6,170만 명, 집체기업 근로자 543만 명, 사영기업 근로자는 1억 2,083만 명, 개인자영업 8,628만 명으로 구성되어 있다. 국영기업과 집체기업 근로자는 감소하는 반면, 사영기업, 개인자영업 등 민간기업 근로자는 크게 증가하고 있음을 볼 수 있다.

<표 4> 경제부문별 도시와 농촌 취업인구 (단위: 만 명)

구분	1995	2000	2005	2010	2015	2016
도시 취업인구	17,346	23,151	27,331	34,687	40,410	41,428
국유단위	11,261	8,102	6,488	6,516	6,208	6,170
도시집체단위	3,147	1,499	810	597	481	543
합작단위	53	155	188	156	92	86
공동소유단위	317	42	45	36	20	18
유한책임회사	-	687	1,750	2,613	6,389	6,381
주식회사	-	457	699	1,024	1,798	1,824
사영기업	485	1,268	3,458	6,071	11,180	12,083
홍콩대만투자회사	272	310	557	770	1,344	1,305
외상투자회사	241	332	688	1,053	1,446	1,361
개인자영업	1,560	2,136	2,778	4,467	7,800	8,628
농촌 취업인구	45,042	48,934	48,494	41,418	37,041	36,175
향진기업	12,862	12,280	14,272	15,893	-	-
사영기업	-	1,139	2,366	3,347	5,215	5,914
개인자영업	-	2,934	2,123	2,540	3,882	4,235

자료: 중국통계연감, 1996, 2001, 2006, 2011, 2017.

여기서 주목할만한 사실은 근로자의 의식이 변화한 것이다. 1990년대 중반 이후 대졸자의 직업선호도에 있어 국영기업이 더 이상 최우선적인 선호대상이 아니라는 점이다. 비국가 부문의 경제성장에 따라 임금수준이 높은 외국자본과 민간기업이 점차 매력적인 직장이 되고 있다. 1998년에 수행된 조사에 의하면, 대졸자의 40.9%가 국영기업을 선호한 반면, 44.1%는 외국자본기업을, 15.1%는 민간기업을 선호한 것으로 나타났다.

1984년 이후 비국가 부문에서 근로자의 고용이 시작되었는데, 1984년부터 2016년 까지 약 30년간 비국가 부문의 경제가 크게 성장하였으며, 비국가 부문의 근로자 수도 증가하였다. 그러나 도시 근로자의 아직 상당한 높은 비중이 국가소유 부문과 집단소유 부문의 공식 근로자로 고용되고 있다. 2016년 말 현재 도시근로자의 16.2%가 이 부문의 공식 근로자이다. 그러나 이것은 2000년도의 국가소유 및 집단소유 부문의 근로자 비율 41.5%에 비하면 크게 감소한 수치이다.

한편, 농촌지역에서도 민간부문 근로자의 비율이 점차 증가하고 있는데, 2016년 현재 3억 6,175만 명의 취업인구 중 사영기업과 개인자영업의 근로자 수는 1억 149만 명(28.1%)에 달하고 있다.

3) 임금체계의 개혁

국영기업 개혁의 또 다른 요소는 임금체계의 개혁이다. 계획경제 기간 동안 임금수준은 중앙집권적 결정에 의하여 이루어졌다. 중앙정부는 임금정책을 계획한 반면, 지방정부와 기업은 이를 실행할 뿐이었다. 임금은 전국의 기업에 통일된 표준을 적용하였고, 서로 다른 소유형태별 임금차이만 존재하였다.

개별기업 내에서 임금과 급여의 차이는 근무연한과 직위에 따라 차별화되었고 개인의 업무성과와 기업의 효율성과는 관련이 없었다. 따라서 평등주의적 분배가 개혁이전 기업의 두드러진 특징이었으며, 이것이 근로자의 사기에 부정적인 영향을 미치는 것으로 비판되었다. 실제로 경제개혁은 근로자의 낮은 사기와 나태함, 기업의 비효율성에 대한 비판으로 시작되었다고 볼 수 있다.

임금체계의 개혁을 위한 시도는 기업의 자율성을 확대하고 이윤을 돌려주는 개혁정책과 관련되어 있었다. 1978년과 1980년 사이에 국무원은 두개의 문건을 발표하였다. 이 문건들은 기업들이 도급제 임금과 보너스 제도의 도입을 하도록 요구하였고, 생산할당량이 적정한 한 근로자의 임금에 제한을 두어서는 안 된다고 규정하였다. 보너스는 임금 외에 지급되어야 한다고 규정하였다.

1984년에 국무원은 국영기업의 보너스 지급에 관한 규정을 발표하였다. 새로운 규정 아래에서 국가는 근로자들에게 지급되는 보너스의 비율을 구체화한 반면, 기업은 보너스 제도를 설계함에 자율성을 부여하였다.

전국적인 임금체계 개혁은 국무원이 국영기업 임금체계 개혁에 관한 문건을 발표한 1985년에 시작되었다. 이 문건은 기업의 임금행정을 분권화하였으며, 다음의 3가지 조치의 내용을 담고 있다.

> 첫째, 기업은 정부기관이나 공공기관과 다른 별도의 임금체계를 채택한다. 기업의 총임금은 경제적 효율성과 관련되도록 하였다. 따라서 근로자의 임금인상은 개별기업의 경제적 성과에 따라 이루어지며, 국가는 더 이상 기업의 임금조정이나 인상에 개입하지 않았다. 기업과 근로자의 경제적 효율성과 성과에 따라 기업과 근로자간 임금의 차이를 허용하였다.
> 둘째, 국가는 임금행정에서 분권화 정책을 채택하였다. 구체적으로 국가는 모든 기업의 총임금과 인상비율을 성과 현 정부 수준에 위임하였다.
> 셋째, 기업은 개별적인 상황에 기초하여 기여에 따른 분배원칙에 따라 자신의 임금체계를 계획함에 자율성을 갖게 하였다. 이후 임금체계의 개혁은 두 가지 노선을 따라 진행되었다. 하나는 임금을 분배함에 여러 가지 형태를 시도하는 것이며, 다른 하나는 기업의 총임금을 경제적 효율성에 연계시키는 것이었다.

임금체계의 개혁은 소유형태가 공식적 기업의 평균임금의 차이를 설명하는 주요 요인이라는 점에서 중국에서의 임금배분의 일반적 패턴을 크게 변화시켰다. 1985년부터 1999년까지 국가부문의 근로자의 월평균임금은 1,213 위안에서 8,543 위안으로 인상되었으며, 2002년에는 12,422 위안에 달하였다. 집단소유 부문은 1985년 967 위안, 1999년 5,774 위안, 2002년 7,667 위안으로, 기타 민간 부문은 1985년 1,436 위안에서 1999년 9,829 위안, 2002년 13,212 위안으로 인상되었다(중국통계연감, 2003: 151). 이와 같은 임금체계의 개혁은 계획경제 시대의 단일화된 임금체계를 변화시켰으며, 기타 민간부문이 국가부문과 집체부문에 비하여 상대적으로 임금수준이 높으며, 근로자의 성과를 반영하는 체계로 지속적으로 변화하고 있다.

사회보장 개혁의 원칙

1993.11.14 〈중공 중앙 사회주의시장경제제제 건립에 관한 약간문제 결정〉이란 문건에는 개혁개방체제 하에서 분배와 사회보장제도에 관한 내용을 담고 있다. 그 주요내용은 소득의 분배원칙, 다층적 사회보장제도의 원리와 재정방식, 관리운영에 관한 것으로 다음과 같다(王東進, 1998:3-4).

① 개인 수입분배는 노동에 따른 분배를 주체로 하여 다양한 분배방식이 병존하는 제도로 한다. 효율을 우선으로 하되 공평의 원칙을 겸하며, 노동자의 개인보수는 경쟁체제를 도입하고, 평균주의(平均主義)를 타파하며, 다노동다수입(多勞多得)과 합리적 소득격차를 인정한다. 성실한 노동과 합법적 경영으로 일부 지역과 일부사람이 우선 부유하게 하며, 먼저 부유하게 된 자가 나중에 부유하게 될 자를 도와(先富帶動和幇助後富) 공동부유(共同富裕)를 실현한다.
② 다층적 사회보장체계의 도입은 기업과 사업단위의 개혁을 심화시키고, 사회안정을 유지하며, 사회주의시장경제체제의 건립에 중대한 의의를 갖는다. 사회보장체계는 사회보험(社會保險), 사회구제(社會救濟), 사회복리(社會福利), 원호와 상호부조, 개인저축보장을 포괄한다. 사회보장정책은 통일을 요하며, 관리는 법제화를 요한다. 사회보장 수준은 국가의 사회생산력 수준과 사회 각 방면이 부담능력에 적응하여야 한다. 도시와 농촌의 사회보장 방법은 구별이 있어야 한다. 상업성보험의 발전이 사회보험의 보충이 되도록 한다.
③ 사회보장의 다양한 유형에 비추어 재정의 원천과 보장방식을 결정한다. 기업양로보험과 실업보험제도를 중점적으로 완비하며, 사회서비스

기능을 강화함으로써 기업부담을 경감하고, 기업조직의 구조조정을 촉진하여 기업경제수익과 경쟁능력을 제고한다. 도시(城鎭)근로자양로보험과 의료보험은 기업과 개인이 공동부담한다. 실업보험제도의 건전화를 진일보시키며, 보험비용은 기업이 근로자 급여총액의 일정비례로 통일적으로 납부한다. 기업공상(산재)보험제도의 건립을 보편화하며, 농민양로는 가정보장을 위주로 하여 지역사회부조와 상호 결합한다. 경제적 조건이 좋은 지방은 농민의 자원에 따라 개인저축양로보험을 실행할 수 있으며, 농촌합작의료제도(農村合作醫療)를 발전하고 완비한다.

④ 통일적인 사회보장 관리기구를 건립한다. 사회보장사업의 관리수준을 제고시키며, 사회보장기금의 모금과 운영의 우수한 순환기제를 형성한다. 사회보장 행정관리와 사회보험기금운영은 분리를 요한다. 정부유관 부문과 사회공중대표가 참여하는 사회보험기금 감독기구를 건립하여 사회보험기금의 수지와 관리를 감독한다. 사회보험기금의 처리기구는 기금의 정상적 지급과 안정성, 유동성의 전제하에서 법에 의하여 사회보험기금을 국가채권 구매에 사용할 수 있으며, 사회보험기금의 가치유지와 증대를 확보한다.

1994.7.5 제8기 전국인민대표대회 상무위원회 제8차 회의에서 통과한 〈중화인민공화국 노동법〉에는 다음의 내용을 규정하였다. 국가는 사회보험사업을 발전시키고, 사회보험제도를 건립하며, 사회보험기금을 설립하여 노동자로 하여금 연로, 질병, 산재, 실업, 출산 등의 상황 하에서 서비스와 보상을 받도록 한다(제70조). 사회보험의 수준은 사회경제 발전수준과 사회부담 능력에 상응하여야 한다.

그리고 1996.3.17 제8기 전국인민대표대회 제4차 회의에 의한 〈중화인민공화국 국민경제와 사회발전'95'계획과 2010년 장기목표 요강〉에는 사회보장제도 개혁의 가속화를 요청하였다. 이에 의하면, 양로보험, 실업보험, 의료보험 제도개혁을 가속화하고, 사회보험, 사회구제, 사회복지, 우대부양(원호)과 상호부조, 개인저축보장을 상호결합한 다층적 사회보장제도를 형성한다. 사회보험의 대대적 발전과 동시에 상업보험을 적극 발전시켜 사회보장의 보충작용을 발휘하게 한다.

사회보장의 기본구조와 현황

개혁의 기본구조

중국 사회보장 제도개혁은 과거 계획경제 하의 사회주의방식에서 이탈하여 국가부담의 사회보장, 국가-기업-개인 부담의 사회보험, 상업보험이란 3층 구조에 기초하여 추진되어 왔다.

① 국가재정 부담의 사회보장

중국의 사회보장체계 중 사회구제, 사회복지, 사회우대부양은 국가재정에 의한 사회보장으로서 기본적 생활수준에 미달하는 사람 및 특수집단에 속하는 사람에 대한 국가의 구제책임과 사회적 공평성을 구현하고 있다. 사회구제의 대상은 생활이 곤란한 사회구성원이며, 구제의 내용은 자연재해구제, 빈곤구제, 특수대상구제, 실업구제 등이다. 사회복지사업은 현재 국가의 독자적 재정 부담으로부터 정부보조, 사회단체, 기업의 협력 등 다양한 형식으로 발전을 모색하고 있다.

② 국가, 기업, 개인 부담의 사회보험

시장경제로의 전환에서 사회보장개혁의 핵심을 이루고 있는 중국의 사회보험제도는 양로보험, 실업보험, 의료보험, 산재(공상)보험, 생육(아동출산)보험이 있다. 사회보험은 주로 도시지역의 기업의 유형과 지역에 따라 다양한 형태로 시행되었고, 양로보험과 의료보험은 농촌지역으로 점차 확대되고 있다. 노시양로보험은 개인과 국가 또는 기업의 공동부담 형태로 적용대상이 확대되고 있으며, 통일된 제도, 표준, 관리를 목표로 하고 있다. 농촌양로보험은 조건이 양호한 지역을 중심으로 가정보장을 위주로 하여 집체나 국가의 부조가 결합된 형태로 발전하고 있다. 농촌의료보장은 농촌지역의 특성을 반영한 합작의료보장제도로서 시범지역을 중심으로 확대발전하고 있다. 실업보험과 산재보험은 국가, 기업, 개인부담의 제도로서 적용범위의 확대가 이루어지고 있다. 도시지역 기업근로자의 생육보험은 적용범위가 좁고 사회화의 정도가 낮으나 전체근로자를 대상으로 적용범위의 확대를 목표로 하고 있다.

③ 상업보험

상업보험은 사회보험을 보충하는 것으로서 상당한 발전 잠재력을 가지고 있다. 이것은 개인소득의 차이에 따른 욕구의 차이를 만족시키며, 위험을 분산시키는 기능, 소비성 자금을 생산자금으로 전환시키는 기능을 갖고 있다. 중국정부는 양로, 의료, 생명보험 등 다양한 분야의 상업보험의 발전을 요구하고 있다.

사회보장의 구조와 재정

중국의 현 사회보장체계는 〈그림 1〉과 같이 사회보험, 사회구제, 사회복지, 사회우대부양으로 구성되어 있다. 그외 민간에 의한 사회상호지원이 있다. 이중 사회보험은 양로보험, 의료보험, 산재보험, 실업보험, 생육보험(출산보험)의 5대 사회보험으로 구성된다. 사회구제에는 국가가 정한 최저생활보장, 무의탁빈곤자생활보장, 천재지변으로 인한 재해보장이 있다. 사회복지에는 노인복지, 아동복지, 장애인복지, 여성복지가 포함되어 있다. 사회우대부양에는 퇴직군인 생활보장, 취업안배, 열사가족우대부양, 퇴직군인 및 가족우대부양이 있다.

<그림 1> 중국 사회보장체계의 구성

중국의 사회보장체계															
사회보험					사회구제			사회복지				사회우대부양			
양로보험	의료보험	산재보험	실업보험	출산보험	국가최저생활보장	무의탁빈곤생활자보장	천재지변재해보장	노인복지	아동복지	장애인복지	여성복지	퇴직군인생활보장	퇴직군인취업안배	퇴직군인가족우대부양	열사가족우대부양

사회보험 부문의 사회보장 제도개혁은 과거 계획경제 하의 국가—단위부담의 사회주의방식에서 이탈하여 국가-사회부담으로 국가부담의 사회보장, 국가-기업-개인 부담의 사회보험, 상업보험이란 3층 구조에 기초하여 추진되고 있다.

첫째, 국가재정 부담의 사회보장이 있다. 중국의 사회보장체계 중 사회구제, 사회복지, 우대부양조치(원호보호)는 국가재정에 의한 사회보장으로서 기본적 생활수준에 미달하는 사람 및 특수집단에 속하는 사람에 대한 국가의 구제책임과 사회적 공평성을 구현하고 있다. 사회구제의 대상은 생활이 곤란한 사회구성원이며, 구제의 내용은 자연재해구제, 빈곤구제, 특수대상구제, 실업구제 등이다. 사회복지사업은 현재 국가의 독자적 재정부담으로부터 정부보조, 사회단체, 기업의 협력 등 다양한 형식으로 발전을 모색하고 있다.

둘째, 국가, 기업, 개인이 부담하는 사회보험이 있다. 중국의 사회보험제도는 양로보험, 실업보험, 의료보험, 산재보험, 생육보험이 있다. 현재 사회보험은 주로 도시지역의 기업의 유형과 지역에 따라 다양한 형태로 시행되고 있다. 도시양로보험은 개인과 국가 또는 기업의 공동부담 형태로 적용대상이 확대되고 있으며, 통일된 제도, 표준, 관리를 목표로 하고 있다. 농촌양로보험은 조건이 양호한 지역을 중심으로 가정보장을 위주로 하여 집체나 국가의 부조가 결합된 제도로 발전하고 있다. 실업보험은 국가, 기업, 개인부담의 제도로서 적용범위의 확대로 나아가고 있다. 도시기업근로자의 생육보험은 적용범위가 좁고 사회화의 정도가 낮으나 전체근로자를 대상으로 적용범위의 확대를 목표로 하고 있다.

셋째, 민간의 상업보험이 있다. 상업보험은 사회보험을 보충하는 것으로서 상당한 발전 잠재력을 가지고 있다. 이것은 개인소득의 차이에 따른 욕구의 차이를 만족시키며, 위험을 분산시키는 기능, 소비성 자금을 생산자금으로 전환시키는 기능을 갖고 있다. 중국정부는 양로, 의료, 생명보험 등 다양한 분야의 상업보험의 발전을 요구하고 있다.

<표 5> 개혁개방 이후 연도별 사회보장의 발전 현황

구분	1989	2000	2005	2010	2015
도시양로보험 가입자 수(만명)	4,817	10,488	13,120	25,707	35,361
양로연금수급 퇴직자 수(만명)	893	3,170	3,468	6,305	9,141
의료보험 가입자 수(만명)	-	3,787	13,783	23,735	66,582
농촌양로보험 가입자 수(만명)	-	-	5,442	10,277	50,472
실업보험 가입자 수(만명)	-	10,408	10,648	13,376	17,326
산재보험 가입자 수(만명)	-	3,912	8,478	16,161	21,433
생육보험 가입자 수(만명)	-	-	10,761	12,336	17,771
도시지역사회복지시설 수(만개)	7.14	18.8	20.3	15.3	36.1

자료: 중국통계연감, 2006, 2011, 2016.

2015년말 현재 양로보험의 가입자 수는 3억 5,361만 명이며, 양로연금 수급 퇴직자 수는 9,141만 명, 실업보험 가입자 수는 1억 7,326만 명, 의료보험의 가입자 수는 6억 6,582만 명이다.

중국의 사회보험 및 복지기금의 총액은 1980년 136.4억 위안으로 급여총액의 17.7%(국내총생산의 3.0%)에서 1985년에 331.6억 위안으로 급여총액의 24.0%(국내총생산의 3.7%)로 증가하였으며, 1990대에는 급여총액의 31.8%(국내총생산의 5.0%)로 증가하였다.

이중 양로보험, 실업보험, 의료보험, 산재보험, 생육보험을 합한 사회보험기금 수입의 총액은 1990년 186.8억 위안에서 2015년에는 4조 6,012.1억 위안으로 증가하였고, 지출총액은 1990년 151.9억 위안에서 2015년 3조 8,988.1억 위안으로 증가하였다. 2015년말 현재 사회보험기금 잔액은 5조 9,532.5억 위안이며, 이중 양로보험기금 잔액은 3조 9,937.1억 위안으로 양로보험기금 총액이 전체 사회보험기금 총액의 약 67.1%를 차지하였다.

<표 6> 5대 사회보험기금의 수입지출 현황

(단위: 1억 위안)

연도	합계	기본 양로보험	실업보험	도시기본 의료보험	산재보험	생육보험
기금수입						
1990	186.8	178.8	7.2	-	-	-
2000	2644.9	2278.5	160.4	170.0	24.8	11.2
2010	19276.1	13872.9	649.8	4308.9	284.9	159.6
2015	46012.1	32195.5	1367.8	11192.9	754.2	501.7
기금지출						
1990	151.9	149.3	2.5	-	-	-
2000	2385.6	2115.5	123.4	124.5	13.8	8.3
2010	15018.9	10755.3	423.3	3538.1	192.4	109.9
2015	38988.1	27929.4	736.4	9312.1	598.7	411.5
기금잔액						
1990	117.3	97.9	19.5	-	-	-
2000	1327.5	947.1	195.9	109.8	57.9	16.8
2010	23407.5	15787.8	1749.8	5047.1	561.4	261.4
2015	59532.5	39937.1	5083.0	12542.8	1285.3	684.4

자료: 中國統計年鑒, 2016, p.806

사회보장 행정체계

중국은 개혁추진의 행정체계로서 민정부, 위생부 등 다양한 정부부서에서 시행되던 사회보장행정기구의 통일을 위하여 1998년3월에 '노동사회보장부'를 건립하였다. 이것은 노동과 사회보장 행정을 담당하는 국무원 조직이다. 새로이 조직된 노동사회보장부는 이전에 민정부의 농촌사회보험 행정, 위생부의 공비 의료보장 행정, 국무원 의료보험제도개혁소조 사무실의 기능을 승계하여 중앙정부의 통일된 사회보장기구로서의 역할을 수행하도록 하였다. 이 부서의 기능으로는 노동과 사회보험사업의 기본방침과 정책 결정, 사회보험법률의 기초와 행정규정의 제정, 도시와 농촌취업에 관한 기본정책, 양로, 실업, 의료, 산재, 생육보험의 기본정책, 표준, 실시감독, 사회보험기금의 징수와 지불, 관리운영에 관한 정책을 포함한다. 2008년에는 국가기관의 조직개혁으로 인사부와 노동사회보장부를 통합하여 인적자원사회보장부를 설립하였다. 사회보험을 포함한 사회보장 행정은 인적자원사회보장부에서 관할하게 되었다.

다음에 서술하는 장에서는 중국사회보장의 주요 제도인 양로보험, 의료보험, 산재보험, 생육(출산)보험, 공공부조와 사회복지서비스별로 40년의 개혁 과정 중에 진행된 사회보장 개혁의 주요 내용을 살펴볼 것이다.

Chapter 4

구체제 노후보장시스템의 문제와 양로보험 개혁

· · ·

4

구체제 노후보장시스템의 문제와 양로보험 개혁

구체제 노후보장시스템의 해체

양로보험이라 불리는 중국의 기업노동자의 퇴직연금제도는 1951년 〈중화인민공화국 노동보험조례〉에 의하여 시작되었다. 남자는 60세, 근무연한 25년, 여자는 50세, 근무연한 20년의 조건을 충족하면 퇴직양로금(연금)을 지급받을 수 있었다. 국가기관, 사업단위 근로자를 위한 퇴직제도는 1955년에 제정된 규정에 의하여 시행되었다. 1958년에는 기업근로자와 국가기관 및 사업단위 근로자의 분리에서 오는 문제를 해결하기 위하여 두개의 시스템을 하나로 통합하였다. 연금급여의 수준은 양측 근로자 표준임금의 50 70%를 지급하였다. 이러한 조정에 의한 조치는 전중국 노동조합연맹이 해체된 문화대혁명 기간(1966-1976) 까지 운영되었다. 이후 연금급여와 행정의 책임은 국영기업에 넘겨졌으며, 지방노동행정부서는 감독의 역할을 수행하였다. 이러한 변화는 중국에서 국영기업연금 시대의 도래를 의미한다.

1978년 경제개혁이 시작되면서 국무원은 기업근로자 연금과 국가기관 근로자 연금을 분리하는 조치로서 두개의 조례를 발표하였다(문건 104). 이러한 분리조치의 이유 중 하나는 구혁명계급의 퇴직을 위한 특별한 배려를 위한 것이었다. 퇴직연령은 남자 60세, 여자 50세로 재확인되었으며, 급여의 자격은 완화되고 수준은 향상되었다. 양측 제도 모두 10년 이상 근속하면 급여를 받게 하였으며, 급여수준은 근무연한과 최종표준임금에 따라 결정되었다. 20년 근속한 일반적인 퇴직자의 경우, 표준임금의 75%를 연금으로 받았다. 또한 15-20년 근속한 경우에는 표준임금의 70%, 10-15년 근속한 경우에는 60%를 받았다.

1978년의 국무원 문건에 담겨진 연금제도의 기본적인 원칙은 1990년대까지 지속되었다. 그러나 그 내용은 경제개혁이 시작되기 이전에도 여러 차례의 개정이 있었다. 노동보험을 개혁하면서 정부가 직면한 한 가지 딜레마는 전반적인 연금재정지출을 통제하는 것과 급속하게 증가하는 퇴직자들의 연금급여를 인상하는 문제였다. 1978년의 조례에 의한 관대한 급여와 자격기준은 근로자로 하여금 조기퇴직을 하게 만드는 요인이 되었으며, 동시에 정부도 문화대혁명 이후 도시로 복귀한 젊은이들에게 직장을 제공해야할 필요성 때문에 조기퇴직을 장려하는 형편이었다. 퇴직자의 수는 1978년부터 1985년 사이에 5배로 증가하였으며, 전체적인 연금지출비용은 도시근로자 총임금의 2.8%에서 10.6%로 증가하였다. 정부와 기업은 이후 양로연금의 거대한 재정부담을 안게 되었다.

그리고 또 다른 문제는 1980년대초에 시작된 국영기업의 개혁이 시작된 이후 공공무문과 민간부문 모두 임금구조가 변화함으로써 구체제 연금제도의 구조가 부적절하게 되었다는 것이었다. 임금구조 개혁이 이루어진 초기 수

년간에 상여금과 여러 가지 보조금이 상승하여 그것이 임금 자체만큼 커지게 되었다. 퇴직연금은 상여금과 보조금을 제외한 최종표준임금과 연계되어 있기 때문에 퇴직자가 실제로 받을 수 있는 연금수준은 상대적으로 적어지게 되었다. 또한 1980년대에 상승한 인플레이션으로 상대적으로 낮은 수준의 부적절한 퇴직연금은 사회적 불안의 근원이 되었다.

퇴직자들의 불만을 완화하기 위하여 1980년대에 이루어진 연금개혁은 근로자의 소득과 퇴직자의 소득간 격차를 줄이기 위한 연금급여 수준의 조정에 초점을 두고 있었다. 1983년에 일반 퇴직자를 위한 월평균 최저보장 연금은 25 위안에서 30 위안으로 인상되었으며, 장애인 퇴직자에 대하여는 35 위안에서 40 위안으로 인상되었다. 이러한 퇴직연금제도는 중화인민공화국 건국 이전에 노동을 시작한 모든 계층까지 확대되었으며, 동일한 자격을 가진 기업 근로자도 포함되었다. 1989년에는 국영기업 근로자의 임금인상과 병행하여 퇴직연금의 인상이 이루어졌다. 동시에 최저보장 연금수준도 30 위안에서 50 위안으로, 장애인 퇴직자에 대하여는 40 위안에서 60 위안으로 인상되었다. 1992년에는 또다시 10%의 인상이 이루어졌고, 최저보장연금도 10 위안 인상되었다. 게다가 퇴직자의 생활수준에 영향을 미치는 인플레이션의 영향을 완화시키기 위하여 1985년부터 1995년간에 직접적인 연금수준의 인상이나 추가의 보조금 지급을 통하여 다섯 차례의 퇴직연금 인상이 이루어졌다.

이전의 양로연금제도는 두말할 것도 없이 중앙집권적 계획경제 시대의 산물이었다. 그리고 이 제도는 도시에 기반을 두고 국영부문에 일하는 도시근로자를 위한 부과방식의 급여가 특징이었다. 이에 따라 부분적인 적용범위와 제한된 기업 풀의 문제는 그 자체로서 경제개혁의 주요 장애요인이 되었다. 경제개혁과정에서 구체제 노후보장시스템의 한계는 너무나 명백하게 나타났으며, 1985년에 이르러 중국정부 지도부는 이에 관한 개혁조치를 취하기로 결정하였다.

첫째, 중국정부 지도자들은 머지않은 장래에 도래할 인구노령화의 위협에 대처하기 위해서는 전체 인구를 포함하는 새로운 양로연금제도의 수립이 유일한 해결책이라고 인식하였다. 지금까지의 부분적인 인구에 대한 연금제도의 적용은 미래의 노령인구를 아무런 대책없이 방치하게 될 것이기 때문이다.

둘째, 부분적인 적용은 노동의 이동성을 제한하게 된다. 특히 국가부문에서 비국가 부문으로 근로자가 이동하는 것은 사회주의시장경제의 수립과 국영기업의 개혁에 핵심적인 요소이다. 중국에서 노령연금과 기타 복지서비스가 이전의 노동보험 규정 하에서 국영부문의 근로자에게 제한됨에 따라 국영기업 근로자들은 현재의 직장을 떠나기가 어렵게 되었다. 더욱이 국영부문의 근로자들은 사회의 가장 안정적인 위치에 있기 때문에 국영부문을 떠나는 근로자는 비국영 부문에서는 받을 수 없는 연금과 기타 급여를 상실할 각오를 해야 한다. 따라서 1980년대에 국영부문으로부터 비국영 부문으로의 이동은 바다에 뛰어드는 것으로 표현되기도 하였다. 이러한 현상은 국영기업의 많은 근로자들이 외부의 노동시장에서 새로운 일자리를 찾기 보다는 그들의 병든 기업에 매달리게 하는 이유를 설명해준다.

셋째, 국영기업이 직면한 어려움은 연금재정위기에 그 원인을 돌릴 수 있다. 이러한 연금위기는 기업이 재정을 부담하는 연금을 수십년간 운영해온 결과로 볼 수 있다.

넷째, 오래된 기업과 새로운 기업들간의 연금재정 부담의 격차가 커지게 되었으며, 이것이 공정한 기초 위에서 경쟁하는 것에 걸림돌이 되었다. 섬유, 식품, 교통 분야의 오래된 일부 국영기업들은 퇴직연금재정이 기업임금총액의 절반 이상을 차지하였다. 경영상태가 건전한 국영기업도 퇴직하는 근로자가 증가하면 시장에서 경쟁력을 잃게 된다. 반면 퇴직 근로자가 적은 기업은 보다 효율적이고 경쟁력이 향상될 수 있다. 이러한 이유로 연금재정의 부담이 큰 국영기업이 생존할 수 있는 유일한 길은 연금급여를 감소시키거나 중단하는 것이다. 이것은 현재의 근로자와 퇴직한 근로자간의 갈등을 초래하고, 근로자의 노동윤리를 해칠 수 있다.

결국, 계획경제 시대에 만들어진 연금제도는 경제개혁이 성과를 가져오는 시기에 매우 부적절한 사회시스템이 되었다. 구체적으로 부분적인 적용내용, 국영기업 근로자의 높은 퇴직 비율, 부적절한 급여 등은 명백한 시스템의 결함이었다. 이제 1980년대 중반에 이르러 과거의 노동보험에 의한 퇴직연금제도는 경제개혁과 새로운 국영기업의 변화에 적합한 새로운 시스템으로 개혁되어야 할 필요성이 명백하게 되었다.

도시 양로보험의 개혁

연금제도 개혁의 실험은 1980년대초에 시작되었다. 이 시기에 중국정부는 고용제도의 형태를 다양하게 확대하고 지방정부로 하여금 계약제 고용의 실험을 시행하도록 하였다. 계약제 노동을 위한 연금제도를 수립함에 있어 개별 지역당국은 균등하지 못한 연금재정 부담의 문제를 해결하기 위한 목적으로 기업간 사회적 풀을 실험하기 시작하였다. 이러한 실험적 기초에서 시행된 지역 연금개혁은 계획과 행정에 있어 다양하게 전개되었다. 이러한 초기의 개혁은 이전의 연금제도를 개별기업 중심으로부터 사회적 풀의 형태로 변화시켰으며 국영기업을 위한 귀중한 교훈이 되었다.

전국적인 새로운 연금제도 개혁은 1986년에 정무원이 계약제 노동제도를 공식적으로 수립함으로써 이루어졌다(국무원 문건 77). 이 문서는 기업과 근로자 양측의 기여금에 기초한 새로운 연금제도를 제시하였다. 중국은 곧 퇴직지의 증가와 연금재정지출의 증가에 있어 급속한 상승의 문제에 직면하게 되므로 새로운 연금제도는 여러 가지 소유형태의 기업을 포괄하는 사회적 풀을 설치하는데 초점을 두었다. 실제로 이러한 연금제도의 수립을 위하여 정무원은 1990년대중에 현대적인 다층적 노령연금제도의 수립을 목표로 한 3개의 문건을 발표하였다.

1991년에 발표한 〈국무원 문건 33〉은 기업간 사회적 풀과 개인근로자의 기여금 납부를 도입하였다. 1995년의 〈국무원 문건 6〉은 사회적 풀과 개인계정에 관한 재정원칙을 제시하였다. 1997년의 〈국무원 문건 26〉은 성(省) 차원에서 통일된 기본연금급여의 수립을 규정하였다.

1986년의 양로보험 개혁

1986년 정무원 문건 77은 국영기업의 노동제도 개혁에 대한 네 가지 규정을 담고 있다. 이 규정중 하나는 계약제 근로자의 연금 풀에 대한 내용을 다음과 같이 규정하였다.

> ① 연금 풀은 기업과 계약 근로자의 공동 기여금을 통하여 수립되어야 한다. 기업은 근로자 총임금의 15%를 기여하여야 하며, 계약 근로자는 표준임금의 3%까지 기여하여야 한다.
> ② 연금 풀은 다음의 급여 항목을 충당한다. 연금, 의료비용, 사망보상금 및 장례비용, 유가족 급여 및 구제.
> ③ 연금급여의 수준은 기여금 납부기간, 기여금액, 재직기간 중의 평균임금에 비례한다. 기타 급여는 국가의 관련 규정에 따라 지급된다. 기여기간이 짧은 근로자는 일시금으로 받을 수 있다.
> ④ 노동부 산하의 사회보험기관은 연금 풀의 운영 책임을 지며, 기여금의 수납과 급여의 제공을 책임진다.

이 문건은 중국 최초로 고용주와 근로자 양자로부터 기여금을 수납하는 연금제도로서 현대적 의미의 노령연금제도의 수립이 이루어졌다.

1991년의 양로보험 개혁

1984년에 일부 지방에서 동일한 소유형태를 가진 기업들간의 사회적 풀이 시행된 이후, 사회적 풀이 확대되고 기업의 연금 지급능력이 향상되는 등 어느 정도 성공적인 결과가 나타났다. 그러나 이 실험은 퇴직자 수의 급속한 증가와 연금지출의 증가로 인하여 기업들이 장기적으로 연금을 감당할 수 없는 것으로 나타났다. 왜냐하면 기업 풀은 국영부문에 한정되어 있었고 근로자들의 기여금 갹출이 요구되지 않았기 때문이었다. 1991년의 국무원 문건 33은 모든 형태의 근로자들을 위한 3층 구조(three-tier) 의 연금계획의 실행을 요구하였다. 다음 내용은 이 문건이 제시한 연금개혁의 지침이다.

① 연금체계는 3층 구조의 급여로 구성되어야 한다. 3층 구조의 급여는 기본급여, 기업의 건전한 재정상황에서 제공되는 보충급여, 개인의 저축에 기초한 선택적 급여로 구성된다.
② 재정의 부담책임은 정부, 기업, 개인 근로자가 함께 갖는다. 기업은 또한 기여금을 납부하여야 한다.
③ 기본급여의 재정은 실제의 연금재정에 기초하여야 하며, 근로자의 능력을 고려하여야 한다. 연금기금의 운영은 〈지출에 따른 예산과 소액의 잉여, 부분적 축적〉이라는 원칙에 따른다. 지방정부는 기여금과 축적의 비율을 정할 수 있다.
④ 지방정부는 지방정부가 정한 임금예산의 일정 비율을 기본급여 부분에 기여한다. 근로자는 초기에는 3% 이내에서 기여금을 내며, 개인 기여금의 비율은 경제성장과 임금의 향상에 따라 점진적으로 인상된다.
⑤ 기업과 근로자의 기여금은 지방사회보험청에 의하여 설치된 연금기금계정에 입금된다. 기금의 이자는 기금에 적립되며, 적립기금의 일부는 정부 본드에 투자될 수 있다.
⑥ 건전한 재정상황의 기업들은 보충적 급여 풀을 설치할 것을 장려한다. 기금은 상여금과 직원복지를 위하여 사용되는 기업의 기금으로부터 나온다. 기금은 근로자 개인계정에 적립되어야 한다.
⑦ 개인의 저축에 기초한 자발적 연금 프로그램을 장려한다. 근로자는 자신의 재정상황에 따라 이 프로그램에 참여할 수 있다. 이 프로그램의 설계와 운영은 기업의 보충급여 부분에 연계될 수 있다.

⑧ 이 규정은 주로 국영기업에 적용된다. 도시지역의 집체기업은 이 규정에 준하여 자신의 연금프로그램을 설치할 수 있다.

이 문건은 1984년 이후 시행된 지방에서의 연금개혁 실험으로서 기업간 사회적 풀의 재확인이라는 점 외에도 모든 형태의 근로자를 포괄하는 성 단위에서 통일된 연금제도의 수립이라는 연금개혁의 방향을 제시하였다.

이 문건은 사회적 풀의 설립과 연금재정에 초점을 두고 있는 반면, 급여제공의 방식에서는 근무연한과 표준임금을 기초로 하는 1951년 이후 시행된 노동보험의 규정을 변화시키지 않았다. 1992년경에 연금의 사회적 풀의 설치가 어느 정도 이루어지면서 정부는 급여제공 방식의 개혁에 관심을 갖기 시작하였다.

1990년대초에 국영기업의 개혁, 노동과 임금체계의 개혁과 함께 급여제공의 방식이 경제체계 개혁과 일치하지 않는다는 것을 인식하게 되었다.

첫째, 급여를 표준임금과만 연계시키는 구제도의 방식은 근로자들의 노동의 동기를 고취시키는 유인책이 되지 못하였다. 표준임금은 근무연한, 기술수준, 지위 등에 따라 결정되는 비교적 고정적인 것이었기 때문이다.

둘째, 임금체계의 개혁으로 임금구조가 근본적으로 변화하였다. 1980년대 말에 이르면 연금급여의 기초가 되는 표준임금의 비율이 도시근로자의 총임금의 절반수준으로 떨어졌다. 더욱이 비정부부문에서는 표준임금 개념이 더 이상 사용되지 않았다. 따라서 표준임금이 연금급여 산출의 기준으로 부적절한 것이 되었다.

셋째, 급여제공의 과거방식은 인플레이션을 고려하지 않고 급여가 기여금에 연계되어 있지 않아 공정성이나 적절성 측면에서 비판을 받게 되었다.

1992년 이후 지방정부는 연금제공방식의 개혁에 관심을 돌리게 되었다. 개혁의 일반적인 목적은 급여수준을 개인의 기여금과 밀접하게 연계시키는 것이었다. 이를 성취하기 위하여 두 가지 방법이 제시되었는데, 하나는 개인의 기여금을 기초로 연금을 제공하는 것이며, 다른 하나는 재직기간중 축적된 자격에 기초하여 연금을 제공하는 것이다. 1992년에 노동부는 연금급여방식을 개혁하는 제안을 발표하였으며, 100개 이상의 지역에서 실험을 거친 후 1993년 10월에 기본연금 급여방식 개혁에 관한 문건을 발표하였다. 다음은 지방정부에 대한 정책권고의 내용이다.

> ① 기본급여의 재정은 국가, 기업, 개인 근로자가 공동으로 부담한다. 기업은 지방정부가 정한 임금예산의 일정 비율을 기여금으로 납부하여야 하며, 개인은 임금의 2%를 납부하여야 한다.
> ② 기본연금은 사회연금과 프리미엄 연금으로 구성된다. 사회연금을 산출하는 임금기준은 지역평균임금이며, 개인의 기여금 납부연한에 따라 연금이 제공된다. 15년이상 기여금을 납부한 근로자는 지역평균임금의 25%를 받는다. 10~15년 기여금을 납부한 근로자는 20%, 5~10년 기여금을 납부한 근로자는 15%를 받는다. 프리미엄연금을 산출하는 임금기준은 기여기간 중 근로자의 월평균임금이다. 급여는 평균임금과 개인의 기여기간에 기초하여 지급된다.
> ③ 만약 새로운 급여방식이 이전에 적용된 방식에 의한 급여보다 퇴직자의 기본급여의 감소를 가져오는 경우에는 차액을 풀에서 충당한다. 만약 새로운 방식이 급여의 인상을 가져오는 경우에는 그 인상분은 20% 이내로 한정한다.
> ④ 현재근로자의 임금증가에 기본연금을 연계시키는 조정기재를 설치한다.

위의 문건의 시행결과, 기본연금의 부분은 근무연한과 개인의 기여금에 연계하게 되었다. 사회연금은 근무연한과 지역평균임금에 기초하여 제공되며, 프리미엄연금은 퇴직자의 재직기간 중 평균임금에 기초하여 제공된다. 즉 전자는 사회적 형평의 원칙을 반영하며, 후자는 효율성의 원칙을 반영한다.

1995년의 양로보험 개혁

1995년의 국무원 문건 6은 연금개혁을 위한 다음의 지침을 제시하였다.

① 현행 연금개혁의 목표는 20세기말까지 모든 형태의 기업과 도시와 농촌의 근로자에 대하여 통일된 연금체도를 수립하는 것이다. 새로운 제도는 다층구조 채널의 재정방식과 다층구조의 급여방식을 갖는다. 개인 근로자의 권리와 의무를 동시에 고려한다. 급여의 기본급여 부분에서 네 가지 통일이 점진적으로 실현될 것이다. 네 가지 통일은 모든 형태의 기업과 근로자에 대한 동등한 대우, 기여금과 급여의 통일된 기준, 통일된 관리, 조정기금의 통일된 사용이다.

② 기업연금 개혁의 원칙은 급여표준이 경제성장 수준, 관련 당사자의 부담능력을 고려하며, 상호부조와 자기보호를 결합하고, 형평과 효율을 동시에 고려하여야 한다. 관리는 적절한 규칙을 따라야 하며, 위의 네 가지 통일 원칙을 준수하고, 행정은 기금관리와 분리되어야 한다.

③ 기본급여 부분은 기업과 개인 근로자에 의하여 공동 부담한다. 개인 기여금은 근로자의 임금상승에 따라 점진적으로 인상되어야 한다.

④ 연금기금의 80%는 2개월간의 퇴직급여를 위한 충분한 금액을 공제한 후에 정부 본드에 투자한다.

게다가, 문건6은 사회적 풀과 개인계정이 결합된 기본연금 부분과 관련하여 지방정부가 채택할 두 가지 옵션을 제시하였다. 첫 번째 옵션은 개인계정에 강조점을 두었다. 기업은 각 근로자 총임금의 8%와 지역평균임금의 5%를 기여금으로 납부하며, 개인은 자기 임금의 3%를 기여금으로 납부하여 총 16%에 이르게 한다. 장기적으로는 기업의 기여금은 감소하고 개인의 기여금은 증가하여 개인의 기여금이 총계정의 50%에 이르게 한다.

두 번째 옵션은 개인계정 보다 사회적 풀에 더 많은 강조를 두었다.

이 문건에서 규정한 연금개혁의 방향은 부과방식(pay-as-you-go)에서 부분적립방식(partially-funded)으로 전환하는 것이었다. 1996년말에 이르면 대부분의 지방은 사회적 풀과 개인계정을 결합한 시스템을 수립하여 4,200만 명의 근로자가 가입되었다. 그러나 문건6은 몇 가지 예상하지 못한 결과를 가져왔다.

① 문건6에서 지방정부로 하여금 두 가지 옵션을 선택하도록 허용함으로써 지역에 따라 제도의 설계, 행정, 급여수준이 매우 달라지게 되었다. 이러한 다양한 연금체계는 중앙정부의 통일화 원칙에 모순될 뿐 아니라 지역간 급여

수준의 차이라는 문제를 제기하였다. 더욱이 이러한 문제는 연금개혁의 주요 목적중 하나인 전국적으로 통일된 노동시장의 수립을 저해하였다. ② 대부분 지역의 연금제도가 하위 행정단위에서 운영되기 때문에 소유형태 기업과 근로자에 대하여 분리된 연금체계가 운영되었다. 이에 따른 제한된 연금기금으로 인하여 적시의 연금지급을 보장하기 어렵게 하였다. ③ 지역의 기업들이 시장에서 경쟁력을 갖게 하기 위하여 지방정부는 근로자의 연금급여를 향상시키거나 기여금을 줄이는 경향이 있었다. 1995년 대부분의 지방에서 근로자의 기여금 비율은 2%에 불과 하였으며, 급여는 임금의 80%를 상회하였다. ④ 개인계정이 명목적인 것으로 되어, 즉 충분한 계정 적립이 불필요한 것으로 간주되고 있었다. 결과적으로 대부분의 연금제도가 적립방식으로 운영되어 갔다. ⑤ 기금관리의 결함으로 연금기금이 지방정부에 의하여 유용되거나 다른 목적으로 전용되는 보고가 종종 발생하였다.

경제개혁이 진행되고 있는 당시의 상황에서 현행제도의 문제는 다음과 같이 요약되었다.

> ① 재정원천과 모금방식이 단일하고, 국가와 기업에 부담이 집중되어 있다. 계획경제의 조건하에서는 근로자 개인의 급여가 낮고 생활수준 향상이 비교적 완만하며, 기업의 파산위험이 없어 기업은 자기 기업으로부터 퇴직한 직원을 부양하는데 문제가 없었다. 그러나 사회주의시장경제 이후에는 근로자의 수입이 증가하고 기업의 위험이 증가하였으나 양로비용을 국가와 기업이 부담하고 근로자 개인은 부담하지 않음으로써 시장경제 운행의 요구에 적응하지 못한다.
> ② 퇴직연금표준의 유연성이 결핍되어 있고, 물가상승과 근로자의 생활수준향상에 상응하는 조정의 기재가 없다.
> ③ 퇴직연금관리의 효율성이 낮다. 양로보험은 1950년대에는 국가의 중앙관리체계에서 1960년대에 국유기업보험의 형태로 전환되었다. 결과적으로 국가와 기업의 부담이 과중하게 되었으며, 관리기구도 직업간 분할구조로서 국가공무원과 사업단위는 인사부, 노동부는 공장기업, 일부 부문은 자체적 양로보험을 갖고 있다. 이러한 관리기구의 난립은 관리,

집행, 감독기능이 부재하고 사회보장의 효율성을 저하시키고 있다.
④ 사회양로보험의 적용범위가 적고, 실시범위가 좁다. 현행 양로보험은 전민소유제의 국유기업과 일부 도시 및 현 급 이상의 집체기업에서 실시되고, 현 급 이하의 소형 집체기업, 임시공, 개체노동자에 대하여는 거의 시행되지 않았다.

개혁개방 이래 중국정부는 양로보험체계의 건립을 가속화하여 왔으며, 도시양로보험 문제를 개혁의 중요한 위치에 두고 있다. 1996.3.17 전인대(全人代) 회의에서도 법정기본양로보험제도는 통일된 제도로서 국가, 기업, 본인이 공동 재정부담, 통일된 표준과 관리기구의 설립을 목표로 하고 있다. 도시양로보험제도는 통일과 일체화된 제도의 건립을 최종목표로 하며, 국가의 생산력 발전 수준에 적합한 다층적 사회연금보험체계의 원칙, 사회부담과 개인부담이 결합된 권리와 의무 상응의 원칙, 노인이 경제발전의 성과를 향유하는 원칙을 지향하고 있다.

1995년 현재 도시연금보험 개혁의 상황은 다음과 같이 보고되었다(蘇曉云, 1998:61-8).

우선, 기본연금보험에 참가하는 노동자의 수가 증가하였다. 1995년말 기본연금보험에 참여한 근로자의 수는 8,738 만명이며, 퇴직인원은 2,241만명이었다. 이는 도시기업 근로자의 76.9%, 퇴직인원총수의 94.7%이다. 근로자의 부양율은 전국평균이 0.256이며, 소유방식과 지역에 따라 차이가 있다. 소유방식에 따른 부양율의 차이를 보면, 국유기업은 0.251, 집체기업은 0.313으로 나타났다. 지역간 차이를 보면, 전국에서 가장 높은 상해 지구는 0.448인 반면, 하남성 지구는 0.181이었다.

1995년말 현재 기금의 수지현황을 보면, 총수입 950.06억 위안, 총지출 835.47억 위안, 총잉여금이 429.83억 위안이었으며, 이중 국유기업은 수입 802.57억 위안, 지출 705.14 위안, 잉여금이 390.41억 위안이었으며, 도시집체기업은 수입 111.28억 위안, 지출 118.14 위안, 잉여금이 2.55억 위안이었고,

기타 경제유형기업은 수입 36.21억 위안, 지출 13.19억 위안, 잉여금 41.97억 위안이었다. 기업별 납부율은 국유기업 93.6%, 도시집체기업 91.0%, 기타 경제유형기업 92.6%이었다.

기본보험의 보험료율은 급여의 3%에서 시작하여 매2년 1%씩 증가하여 (1998년 현재 4%) 최고 8%까지 증가하도록 계획되었다. 급여는 개혁 전에는 급여의 85%에 달하였으나 개혁이후 60%까지 점차 낮추도록 되어 있다.

기본양로보험의 급여수준 저하를 가져오는 원인은 아래와 같다(孫炳耀, 1998, 110-116).

우선 1960년대 초에는 9명이 1명의 노인을 부양하였는데 1990년대 초에는 7명이 1명을 부양하여 상대적으로 노인부양 재정수요가 증가하고 있다. 또 중국은 인구노령화가 지속되어 1990년에는 60세 이상의 노인이 총인구의 8.6%를 차지하였는데, 통계에 의하면 2000년에는 10.2%, 2030년에는 18.2%로서, 30년 후에는 3명이 1명의 노인을 부양하게 될 것이다. 만약 현재의 수준으로 계산하면, 2030년에 양로연금이 총급여의 44%를 차지하게 됨으로써 양로연금을 유지하기 위해서는 양로보험의 수준을 낮추는 수밖에 없을 것이다. 또 다른 방법은 퇴직연령을 늦추는 것이다. 국민들의 건강상태가 개선되었고 인구평균 연령수명이 길어져 현재 약900만 명의 노인들이 실제로 퇴직했지만 계속 각종 경제활동에 종사하고 있다. 그러나 퇴직의 연기는 노인들의 능력에 기인된 것이 아니라 취업압력 때문이다. 그러므로 퇴직연한의 조정을 취업압력이 가장 극심한 시기와 분리시켜야 한다. 그러나 2010년에 중국의 취업압력이 최고수준으로 오를 것으로 전망되었고 퇴직연령의 조정문제는 21세기의 2020년대에야 고려할 수 있을 것이다.

1997년의 양로보험 개혁

1990년대 중반 이후 경제개혁이 현대적인 기업의 설립에 초점을 두게 되면서 시장을 통한 국유자산의 재구조화는 국영기업 개혁의 지배적인 주제가 되었다. 기업의 폐쇄, 합병, 생산라인의 변경, 파산 이 국영기업을 위협하였다. 근로자를 해고하는 기업들이 점점 늘어나고 임금이나 연금지급을 유예하거나 지연하는 사례가 많아지면서 근로자들은 자신의 고용에 대하여 점점 불안을 느끼게 되었다. 고용의 불확실성이 사회전반에 확산되는 상황에서 적절한 사회보장제도의 수립은 정부의 가장 시급한 간주되었다. 건전한 사회보장제도는 사회적 안정의 유지에 도움이 될 뿐 아니라 국영기업 개혁의 핵심인 노동시장의 활성화를 위하여 필요한 것으로 인식되었다. 1995년 국무원 문건에 의한 연금제도는 이러한 전국적인 고용의 불안에 대처하기에는 부적합한 것으로 보였다. 실제로 현행의 연금제도에는 경제개혁의 심화에 장애요인이 존재하였다.

1997년 7월 국무원은 연금제도의 개혁을 위한 또 다른 문건을 발표하였다. 이 문건은 두 가지 목적을 갖고 있었는데, 하나의 목적은 지금까지 나타난 결함을 고침으로써 연금제도의 기능을 향상시키는 것이며, 다른 목적은 연금제도가 경제개혁을 유도하는 것이었다. 그리고 1995년의 문건6에서 제시한 연금개혁의 목적을 재강조하면서, 문건 26은 1998년말까지 지방정부가 다음의 네 가지 통일화(four-unification)를 수행해야 할 것을 규정하였다.

① 통일된 연금제도는 모든 소유형태의 기업과 근로자들에게 적용되어야 한다.
② 기여금 비율이 통일되어야 한다. 기업의 기여금은 임금의 최고 20%로 하고 개인의 기여금은 임금의 4%로 하였다. 그리고 개인 근로자의 기여금은 1998년부터 시작하여 매2년마다 1% 인상하여 8%에 이르게 한다.
③ 개인계정에 대한 기여금은 근로자 임금의 11%에서 통일되어야 한다. 개인의 기여금 비율은 8%에 이르기까지 인상하며, 기업은 3%의 기여금을 내도록 한다.
④ 급여를 제공하는 방식이 통일되어야 한다. 기본급여는 기초연금과 개인계정 연금으로 구성된다.

새로운 연금제도가 보다 지속가능 능력을 갖게 하기 위하여 문건26은 기업의 연금부담을 실질적으로 기업간에 재분배하였으며, 급여의 소득대체율을 낮추고, 기업의 기여금 비율을 낮추었으며, 개인의 기여금 비율은 인상하였다.

그러나 국무원 문건 26의 시행은 여러 가지 문제에 직면하게 되었다. 전체 가입자중 기여금을 실제로 납부하는 기업과 근로자의 비율이 하락하였다. 1997년과 1998년 사이에 수납율은 90%에서 77%로 하락하였으며, 25개 지역은 연금재정의 수지를 맞출 수 없었고, 다수의 기업들이 연금을 지불하지 못하게 되었다. 정부는 기업으로 하여금 퇴직자와 해고자에게 연금을 지급하도록 강제력을 행하였다.

수납율의 하락은 두 가지 요인으로 설명될 수 있다. 첫째는 국영기업의 경제적 성과의 저조이다. 1990년대 중반이후 적자로 운영되는 기업이 늘어나고, 사회보험 기여금 납부는 물론 심지어 임금을 지불하는데 어려움을 갖게 되었다. 두 번째 요인은 행정이다. 사회보험법의 결여로 여러 개의 사회보험 프로그램에 기여금을 납부하는 것이 기업에게는 옵션이 되었다. 기금관리기관은 캠페인, 설득 등 노력을 경주하였다. 만약 기업이나 개인이 기여금 납부를 거부하면 할 수 있는 조치가 없었다.

기여금 수납율의 향상을 위하여 국무원은 1999년에 사회보험기여금 수납에 관한 임시규정을 제정하였다. 이 규정은 모든 해당 기업들에게 사회보험기관에 등록할 것과 기여금 납부를 명령하였으며, 이 규정을 위반하는 경우의 벌칙과 절차를 규정하였다. 따라서 사회보험은 기업과 개인에게 강제로 적용되는 제도가 되었다.

그러나 또 다른 문제는 제도의 적용범위가 국가소유의 기업에 한정된다는 점이었다. 2000년말 중국의 연금제도는 9,124만 명의 근로자와 3,011만 명의 퇴직자를 적용대상으로 하고 있었으며, 이는 전년도 대비 각각 5.4%, 5.3% 증가한 것이었다. 그러나 도시근로자 2억 1,274만 명에 비교하면 이는 43%에 불과하였다. 이러한 상황을 설명하는 한 가지 요인은 국가소유경제 부문의 지속적인 위축이며, 도시근로자의 많은 수가 국가 부문에서 비국가 부문으로 이동하였고, 도시근로자의 증가는 주로 비국가 부문 근로자의 증가 현상이었다. 국영기업의 도시근로자 수는 1978년 7,451만 명에서 1995년 1억 1,261만 명으로 증가하였으며, 이후 감소하여 1998년에 9,058만 명이 되었다. 반면, 비공공부문의 근로자는 1985년부터 1998년 사이에 38만 명에서 4,897만 명으로 증가하였다.

둘째, 비공공 부문의 근로자는 일반적으로 연금제도에 참여할 수 있는 동기가 부족하였다. 정치 경제 사회적인 측면에서 중국의 급속한 변화의 시기에 근로자들이 퇴직할 때 약속한 연금을 받을 수 있을 것인가에 관하여 많은 사람들이 회의를 갖게 되었다.

연금의 재정기반을 확대하기 위하여 지방정부는 자영업자들이 제도에 참여할 수 있는 많은 유인을 제공하였으나 자영업자들은 아직 참여의 동기를 갖지 못하였다. 또한 연금제도의 기술적인 요인으로 기초연금은 일단 15년 이상 기여금을 납부하면 근무연한과 연금의 연계가 없어진다는 점도 비공공부문과 자영업자들의 참여를 저해하는 요인이다.

이와 같은 부분적인 적용범위로 인하여 연금수급자의 증가에 비하여 상대적으로 제도의 재정기반이 위축되어 왔다.

따라서 새로운 연금제도는 실제로는 부과방식에 기초하여 운영되어 왔다. 다른 말로 하면, 연금개혁의 노력은 부분적립방식을 수립하는 목표를 달성하는 것은 실패하였으며, 급속하게 증가하는 미래의 노인인구를 위한 연금제도 설립에는 실패하였다. 연금급여는 풀(pool)에 기초한 급여와 개인계정에 적립된 저축으로 구성되어야 할 것으로 기대되었으나, 대부분의 지역에서 개인계정의 적립된 저축은 명목상으로만 존재하였다. 그리고 모든 기여금은 혼합되어 현재의 퇴직자들의 연금지급에 지출되었다(Chow and Xu, 2003).

2000년의 양로보험 개혁

부과방식에서 부분적립방식으로의 전환의 시도에서 경험한 어려움에도 불구하고 중국의 정책결정자들은 부과방식이 미래의 노령인구를 위한 최선의 선택이라고 믿고 있다. 2000년 12월 정부는 이러한 연금재정방식의 전환을 위한 조치로서 국무원 문건 42를 발표하였다. 이 문건은 사회보장제도의 중요한 전환의 내용을 담고 있으며, 랴오닝 성에서 새로운 실험을 시행할 것을 결정하였다. 이 실험은 2001년 7월에 시작되어 시행되고 있다.

이 새로운 제도는 연금제도의 세 가지 중요한 조정을 시행하고 있다.

> ① 개인계정의 규모를 이전의 임금의 11%에서 8%로 축소하였다. 그리고 개인계정의 재정은 개인기여금으로만 적립하도록 하였다. ② 개인계정은 사회적 풀 기금과 별도로 운영되도록 하였다. 이와 같은 분리 이후에는 개인계정은 완전적립기금이 되며, 자본시장에서 신탁투자의 형태로 운영되도록 하였다. 따라서 사회적 풀은 개인계정에서 자금을 가져올 수 없도록 하였다. ③ 개인계정의 규모의 축소로 인한 급여의 감소를 보충하기 위하여 기본연금은 15년 이상 근무한 연한에 연계되도록 함으로써 연급수준을 높이도록 하였다.

이에 따라 15년간 근속하면서 기여금을 납부하고 퇴직연령에 도달한 근로자의 경우, 지역평균임금의 20%에 해당하는 기본연금을 받게 되며, 15년 이상 근속한 경우에는 기여금을 납부한 연수에 따라 추가의 기본연금을 평균임금의 30%에 이르기까지 받을 수 있게 되었다.

사회보장 전달체계의 개혁도 동시에 진행되었는데, 2008년에는 국가기관개혁으로 인사부와 노동사회보장부를 통합하여 인적자원사회보장부를 설립하였다. 도시근로자양로보험은 인적자원사회보장부에서 관할하게 되었다.

도시양로연금의 현황

1990년 이후 도시양로보험의 참가자 수와 퇴직자 수의 증가현황은 다음 〈표

7> 에서 볼 수 있다.

2015년 현재 도시양로보험 참가자 수는 3억 3,123.2만 명이며, 이중 기업근로자는 2억 4,586.8만 명, 연금수급 퇴직자 수는 8,536.5만 명이다. 기금수입은 2조 6,613.2 억 위안, 지출은 2조 3,140.9 억 위안, 잔액은 3조 4,115.2 억 위안으로 나타났다.

<표 7> 1990년 이후 도시양로보험 현황

(단위: 만 명, 억 위안)

연도	참가 인원			기금현황		
	합계	근로자수	퇴직자수	수입	지출	잔액
1990	6,166.0	5,200.7	965.3	178.8	149.3	97.9
1995	10,979.0	8,737.8	2,241.2	950.1	847.6	429.8
2000	12,486.4	9,469.9	3,016.5	2,088.3	1,970.0	761.0
2005	15,715.8	11,710.6	4,005.2	4,491.7	3,495.3	3,506.7
2010	23,634.4	17,822.7	5,811.6	1,2218.4	9,409.9	14,547.2
2015	33,123.2	24,586.8	8,536.5	26,613.2	23,140.9	34,115.2

자료: 중국통계연감, 2016.

도시양로보험 개혁의 성과와 과제

중국의 양로보험 개혁은 점진주의와 실험주의로 특징지어진다. 1980년대에 국영기업의 연금부담을 감소하기 위하여 시작된 연금제도 개혁은 여러 차례의 수정과 보완 조치를 통하여 점진적으로 발전해왔다. 1991년에는 증대하는 연금재정 부담을 해결하는 방안으로 개인기여금 방식을 도입하였으며 모든 형태의 근로자를 적용대상으로 하는 성(省) 단위의 통일된 제도를 수립하였다. 1995년에는 부과방식의 사회적 풀과 완전적립방식의 개인계정을 결합한 부분적립방식의 연금제도를 설립하였다. 그러나 두 가지 재정방식의 결합에 있어 성과 도시들이 지역별로 각각 다른 비율의 결합방식을 택함으로써 전국적으로 통일된 연금제도 수립에 걸림돌이 되었다. 1997년에는 성 단위에서 기본연금 부분을 통일하였으나 수납율의 저조와 부분적인 적용비율, 개인계정의 부실과 부과방식 위주의 운영이 계속되었다. 2000년에는 사회적 풀과 개인계정을 분리운영하고 보다 생존력 있는 부분적립방식으로 발전을 목표로 한 개혁이 이루어졌다.

중국정부의 정책결정자들은 부분적립방식을 연금제도의 미래를 위해 최선의 선택이라고 간주하고 있는 듯하다. 그러나 이에 관하여는 다양한 의견과 논란이 있다. 중국의 현재의 사회경제적, 정치적 상황에서 볼 때, 부과방식이 가장 현실적이고 적합한 방식이라는 주장이 있다. 부과방식은 인플레이션의 위험과 자본시장의 불안정성을 피할 수 있으며, 현실적으로 유일한 선택방안이라는 것이다. 현재 일부 기금을 적립하도록 설계되어 있으나 예측할 수 있는 장래에 의미있는 기금을 축적할 전망이 적어 곧 부과방식으로 회귀하게 될 것이라는 것이다.

그럼에도 불구하고 급속하게 증가하는 노령인구의 문제를 효과적으로 대처하기 위해서는 적립방식이 적합하다는 주장이 있다. 현재까지 국영기업 중심의 연금제도는 부과방식이 적용되어 왔으나 적립방식은 장차 국가부문과 비국가부문의 모든 근로자를 통합하는 방식으로 적합하다는 것이다. 또한 적립방식은 경제개혁 이후 강조하고 있는 자조에 기반을 둔 시장경제의 원리를 반영하는 것이다.

부과방식에서 부분적립방식으로의 전환이 이루어지고 있는 시점에서 중요한 요점은 전환의 비용을 누가 부담하느냐의 문제에 있다. 만약 정부가 일반

재정 등 다른 재정방안을 동원하지 않고 연금재정의 부담을 기업과 개인근로자의 부담으로만 둔다면 부분적립방식을 수립하고자 하는 정부의 정책적 의지에도 불구하고 현행제도는 다시 부과방식으로 복귀할 가능성이 크다. 그리고 이러한 재정방식을 둘러싼 정책적 논란의 가운데 중국에서도 연금재정 문제 해결을 위한 서구의 복지국가들의 전통적인 방법으로서 기여금의 인상, 소득대체율의 감소, 퇴직연령의 상향조정 등 방안들이 제안되고 있다.

한편, 노인들의 생활 원천은 기본연금보험 외에 기타 개인저축, 투자수입 및 보충성 양로보험이 있다. 중국의 퇴직노인은 주로 퇴직금에 의거하여 생활한다. 앞으로 기본연금보험은 기본생활 밖에 보장할 수 없으므로 노인들의 생활수준을 높이기 위해서는 반드시 보충성 양로보험 및 개인저축이 기본연금보험과 함께 제도화되어야 한다. 중국은 1980년대 중반부터 일부 기업에서 사회보험 개혁 중에 보충연금보험을 실행하였다. 그러나 그 확산속도는 느리다. 1993년 전국 3,100개의 기업에서 50만 명의 직원이 실시하였는데 이것은 전체 도시기업 직원 총수의 0.4%수준이었다. 이것은 많은 서방국가에서 50%를 차지하는 것과 비교하면 보급이 매우 낮은 것이다. 둘째는 보충보험 수준이 너무 낮아 양로수준을 높이는데 충분한 효과를 거두지 못하고 있다. 셋째는 보충보험은 규범화가 되지 않아 각 도시, 각 기업마다 서로 다르다. 넷째는 보충보험의 제도가 혼란하다. 사회보험과 상업보험이 참가하지만 대부분은 기업 자체가 실행한다. 재정은 개인계정으로 기록되지만 기업에서 자금을 자체경영에 투입함으로써 기업의 보충연금은 기업의 경영 위험으로 인하여 보험의 안정성이 충분하지 못한 실정이다.

도시양로보험의 개혁과정은 사회주의형의 국가-기업보장형 연금에서 국가-기업-개인 3자부담의 시장경제 기반의 사회통합형 사회보험으로 전환하는 것이 핵심과제였다. 행정부인 국무원은 정책검토와 결정 과정을 주도하였으며, 당(공산당중앙위)과 입법기관(전인대)은 정책의 홍보와 정당성을 제공하는 역할을 수행하였으며, 일부지역 지방정부가 협력하여 관련된 정책을 추진한 것을 볼 수 있다. 하지만 전국적 효력을 가진 입법이 제정되지는 않았으며 국무원의 정책결정 문건으로 정책이 추진되었다. 또한 지방정부의 도시를 중심으로 시범사업을 실험적으로 추진하였고 이를 점진적으로 확대하는 과정을 거친 것을 알 수 있다. 대상의 확대는 일정하게 진행되기 보다는 시기별로 차이를 보이고 있다. 1990~2015년간의 기본양로보험 가입자 수를 5년 단위로 보면 1990-95년간 초기에 78% 성장하였고, 1995-2000년간은 24%(연평균 4.8%), 2000-2005년간은 28%(연평균 5.6%) 성장하였다. 반면 개혁 후기인 2005-2010년간 47%(연평균 9.4%), 2010-2015년간은 37%(연평균 7.4%) 성장하여 2005년 이후 개혁과정의 후기에 빠른 속도로 대상이 확대된 것을 알 수 있다. 이는 제도도입의 초기에는 제도기반의 미성숙으로 점진적이고 조심스러운 실험의 과정을 거치고 제도기반이 성숙하는 후기에는 급진적으로 제도가 확대되는 과정을 보여준다. 그러나 2015년 현재 도시양로보험의 가입자는 약 3억 5천만 명으로 아직 미적용 지역과 인구가 많고 도시양로보험에 관한 전국단위의 통일된 입법은 아직 법제화되지 않았다.

농촌 양로보험 개혁

중국정부는 도시양로보험제도의 설립과 동시에 농촌양로보험의 건립을 추진하였다. 1986년부터 민정부는 조사연구와 시범사업을 진행하여, 농민의 '社區'(community)를 단위로 자아보장과 가정보장을 중시하는 원칙 위에서, 향을 단위로 하는 사회보장망을 건립하고 점차 현과 전체 성으로 확대하는 방안을 제시하였다.

중국에서 농촌 지역의 양로는 과거 사회주의체제 하에서는 집체(집단농장)를 중심으로 공동체와 가정이 공동으로 부담하는 낮은 수준의 상호부조 방식이었다. 그러나 개혁개방과 가정연산승포책임제(聯産承包責任制)의 추진에 따라 농촌 집체경제의 조직에 중대한 변화가 나타났으며, 공동체에 의한 상호부조 방식의 양로시스템이 붕괴되었다. 따라서 개혁개방으로 농촌 노인은 소득보장의 사각지대에 놓이게 되었고 새로운 방식의 사회보장 형태에 의한 양로보험 도입이 농촌주민의 노후 소득보장을 위하여 필요하게 된 것이다.

중국정부는 도시양로보험제도의 설립과 동시에 농촌양로보험의 필요성을 인식하고 그 건립을 추진하였다. 1986년부터 민정부는 조사연구와 시범사업을 진행하였으며, 농민의 '社區'를 단위로 자아보장과 가정보장을 중시하는 원칙 위에서, 향을 단위로 한 사회보장망을 건립하고 점차 현과 전 성으로 확대하는 방안을 제시하였다. 1991년 국무원은 민정부에 농촌사회양로보험제도의 시범사업 실시책임을 부여하였다. 1991년 국무원은 민정부에 농촌사회양로보험제도의 시범사업 실시책임을 부여하였으며, 경제적 여건이 좋은 지구인 산동성의 모평, 광구, 초원, 영성, 유산 등 5개 현에서 시범사업을 진행하였다. 민정부는 조사연구와 시범사업 경험의 기초 위에서 1992년 1월 〈현급농촌사회양로보험 기본방안〉을 제정하였다. 그 내용은 다음과 같다.

① 농촌사회양로보험은 농촌의 실제 현실에서 출발해야 함을 강조하고, 노인의 기본생활보장을 목적으로 하며, 사회양로보험(社會養老保險)과 가정양로(家庭養老)를 상호 결합한다는 원칙을 강조하였다. 농촌사회양로보험은 낮은 수준의 양로제도로서 도시의 퇴직개념을 도입하지 않고, 도시노동자의 퇴직후 생활수요에 적응하기보다는 농촌인구의 보장수준에 적응하는 것이다.

② 농촌양로보험의 대상은 비도시가구의 농촌인구이며, 성별 관계없이 20세~60세까지 보험료를 납부하며, 60세 이후 양로연금을 받는다. 양로보험기금을 현(縣)을 단위로 통일 관리하며, 현 급 이상에 인민정부가 농촌사회양로보험 기금관리위원회를 둔다.

③ 보험재정은 개인납부를 위주로 하여 집체가 보조하며, 월 또는 년 단위로 납부할 수 있다. 납부표준은 2~20 원 사이에 10등급으로 한다. 양

로금의 수급기간은 10년을 보증하며, 10년 미만에 사망하면 보증기간내 양로금 잔액을 법정승계인이 수급할 수 있으며, 10년 이상 장수자는 사망시까지 수급한다.

시범사업은 1990년대초 경제적 여건이 좋은 지구인 산동성의 5개 현에서 시범사업을 진행하였다. 민정부는 조사연구와 시범사업 경험의 기초 위에서 1992년1월 〈현급 농촌사회양로보험 기본방안〉을 제정하여 농촌양로보험의 기본방향을 결정하였다. 그 내용은 다음과 같다.

① 농촌 사회양로보험은 농촌의 실제에서 출발해야 함을 강조하고, 노인의 기본생활보장을 목적으로 하며, 사회양로보험과 가정양로를 상호 결합한다는 원칙을 강조하고 있다. 농촌사회양로보험은 낮은 표준의 양로제도로서 도시의 퇴직개념을 도입하지 않았다. 반면 도시노동자의 퇴직 후 생활수요에 적응하기보다는 농촌인구의 보장수준에 적응하는 것이다. ② 농촌 양로보험의 대상은 비도시가구의 농촌인구이며, 성별 관계 없이 20세~60세까지 보험료를 납부하며, 60세 이후 양로연금을 받는다. 양로보험기금을 현을 단위로 통일관리하며, 현급 이상에 인민정부가 농촌사회양로보험 기금관리위원회를 둔다. ③ 보험재정은 개인납부를 위주로 하여 집체가 보조하며, 월 또는 년 단위로 납부할 수 있다. 납부표준은 2~20원 사이에 10등급으로 한다. 양로금의 수급기간은 10년을 보증하며, 10년 미만에 사망하면 보증기간 내 양로금 잔액을 법정승계인이 수급할 수 있으며, 10년 이상 장수자는 사망 시까지 수급한다.

농촌사회노령양로보험에 관한 1995년 항주회의가 개최되었으며 농촌양로보험의 관리와 발전을 중시하게 되었다. 노동사회보장부는 1999년에서 2001년까지 세 차례의 농촌 사회양로보험제도사업의 정리와 규범화 방안을 제시하였다. 2003년 노동사회보장부는 현재의 농촌사회양로연금제도를 성실하게 이행하는 것에 관한 통지에서 농촌사회양로보험제도의 적극적 추진을 촉구하였다.

농촌양로보험 개혁의 핵심은 기존의 농촌집체와 가정을 중심으로 2자가 부담하는 방식을 개인, 집체, 정부가 3자 부담의 사회보험방식으로 전환하는 것이었다. 농촌양로보험은 1992년의 초기 정책에서는 개인과 집체 2자가 부담하는 방식으로 시작하였으며, 2006년에 개인, 집체, 정부의 3자부담 원칙으로 방향을 전환하였다. 2006년 노동사회보장부는 각 지역이 농촌사회양로연금을 중점적으로 추진하도록 하되, 새로운 정책의 방향은 개인의 보험료 납부를 위주로 하고 집체지원을 부차적으로 하며 국가가 정책적으로 지원하는 과거의 방식에서 개인, 집체, 정부 삼자가 공동으로 보험료를 부담하는 원칙으로 전환하고, 생활수준 향상에 따라 양로연금 급여를 상향조정하도록 하였다. 2014.2.21. 국무원은 전국통일 도농주민양로보험제도 건립에 관한 의견을 통해 2015년까지 전국의 도농주민이 동일한 양로보험 혜택을 받고 2020년까지 통일 규범화된 도농기본양로보험체계를 완성하기로 결정하였다(대외경제정책연구원, 2014:5).

농촌양로보험 개혁의 성과와 과제

농촌양로보험 개혁은 도시양로보험과 구분되어 별개의 정책으로 추진되었으며 그 속도도 도시양로보험에 비하여 매우 느리게 진행되었다. 농촌양로보험의 개혁핵심은 사회주의체제하에 있었던 기존의 농촌집체와 가정을 중심으로 보장된 방식을 개인, 집체, 국가가 공동으로 부담하는 사회보험 방식으로 전환하는 것인데 2006년에 비로소 시장경제형 사회보장 방식으로 전환된 것이다. 하지만 통일된 입법체계는 아직 나타나지 않았으며 정책추진의 주체는 1991년 이후 당-정의 중심인 국무원 산하 노동사회보장부(이전 민정부)를 중심으로 정책방안이 검토되었다.

1999~2001년간 3차례의 시범사업이 진행되었고 이를 기반으로 한 평가에 따라 2020년까지 통일된 농촌기본양로보험 방안을 검토하고 있다. 농촌양로보험은 도시양로보험과 구별된 별도의 낮은 수준의 소득보장체계이라는 점에서 시장경제에 기초한 도시양로보험의 통합기금 방식의 연금제도와 차이가 있는 것으로 평가된다. 제도도입과정도 매우 점진적이고 실험적인 과정으로 진행되고 있다. 농촌의 양로보험은 현재까지도 아직 초기 단계에 있으며, 적용대상도 일부이며 적절한 수준의 연금을 전체농민에게로 확대해나가는 것이 과제이다. 특히 농촌양로보험은 개인과 가정, 집체공동체를 중심으로 전통적인 부양방식의 성격을 갖고 있는 것이 중국의 특색이라고 할 수 있다.

Chapter 5

도시와 농촌의 새로운 의료보장 개혁

· · ·

변화하는 보건의료 욕구
도시근로자 의료보장
도시의료보장개혁의 성과
농촌 의료보장 개혁과 합작의료
농촌의료보장개혁의 성과와 과제

5

도시와 농촌의 새로운 의료보장 개혁

변화하는 보건의료 욕구

중국의 의료보장은 크게 두 가지 구성요소로서, 도시의료보장과 농촌의료보장체계로 구성되어 있다. 이러한 체계는 도시와 농촌인구의 의료욕구와 공급체계에 따라 각각 다르게 구성되어 있다. 여기에서는 중국의 변화하고 있는 보건의료욕구를 살펴보고, 도시와 농촌의 의료보장제도의 개혁내용을 기술하고자 한다.

보건의료욕구는 인구학적 변화와 신체적 상태, 사회적 기대, 사회적 형평 등 다양한 요인과 관련된 사회적 욕구이다. 경제개혁이 이루어지고 있는 중국의 21세기초 현재 상황에서 보건의료 욕구를 이러한 요인과 관련하여 살펴본다.

1) 인구학적 변화와 의료비용의 증가

우선 중국의 인구구조가 급속하게 변화하고 있다. 1964년부터 2000년 사이에 65세 이상 노인인구비율은 3.56%에서 6.96%로 2배로 증가하였으며, 14세 이하 아동인구는 40.69%에서 22.89%로 감소하였다(중국통계연감, 2003: 99). 1997년에 도시주민의 8%가 65세 이상이며, 75세 이상 인구는 2.3%에 이르렀다. 인구추계에 의하면, 중국 전체의 65세 이상 노인인구는 2010년에 8%, 2020년에 11%, 2040년에 20%에 이를 것으로 예상되고 있다. 노인인구 중 75세 이상의 인구는 1990년에 30%에서 2010년에는 35%, 2050년에는 50%에 이를 것으로 예상된다. 이러한 인구학적 변화는 생활수준의 향상, 공중보건의 향상, 전염병 발생율의 감소 등에 기인하고 있다.

이러한 인구구조의 노령화는 노인병 등 만성질환의 증가, 의료서비스에 대한 기대 증가로 의료비용의 급속한 증가를 가져오고 있다. 노인의료비의 증가는 노인들의 건강문제와 효과적인 개입의 비용 증가를 반영하고 있을 뿐 아니라 전통적인 가족의 붕괴로 가정 내에서 적절한 돌봄 제공자가 부족한 가족구조의 변화를 반영한다.

2) 경제성장과 노동시장의 재구조화로 인한 보건의료문제

중국은 지난 30년 동안 급속한 경제성장을 이룩하였다. 이러한 경제성장의 결과로 도시주민들의 보건의료를 위한 효과적인 개입이 가능하게 되어 보건의료 욕구가 크게 증대하였으며, 동시에 도시로의 인구유입을 더욱 촉진하였다.

경제개혁으로 인한 노동시장의 재구조화는 취약계층의 증가를 가져왔다. 해고근로자와 실업자가 증가하였을 뿐 아니라 1990년대 중반에 약 8000만 명의 탈농촌 도시이주민을 양산시켰다.

사회적 취약계층은 보건의료문제에 직결되어 있다. 이는 보건의료서비스의 박탈에 따른 직접적인 결과이기도 하면, 높은 수준의 직업병과 환경적 위험과도 관련된다. 중국에서 사회적 취약계층의 생활수준과 보건의료 상황에 관한 구체적인 자료는 미흡하다. 그러나 이들 취약계층은 빈곤하거나 빈곤에 빠질 위험이 큰 계층이며, 다른 도시주민에 비하여 건강상의 문제를 많이 갖고 있고 의료서비스에 대한 접근이 어렵다. 도시주민 중 의료보험을 받지 못하는 인구가 상당한 규모에 이르고 있는 것으로 보고되고 있다.

3) 도시-농촌간 불평등과 보건의료

중국에서 지역간 격차는 중국사회의 사회적 불평등을 나타나는 심각한 사회현상이다. 1998년에 가장 부유한 도시는 가장 빈곤한 도시 평균소득의 480%에 이르렀으며, 가장 부유한 성의 농민 평균소득은 가장 빈곤한 성의 농민 평균소득의 440%에 이르렀다. 또한 도시-농촌의 평균소득 격차는 1998년에 260%에 이른 것으로 추계되었다(Guan, 2003: 72).

이러한 도시-농촌간 소득수준의 격차는 의료보장에도 반영되어 있다. 농촌 의료시설은 열악한 인프라, 부족한 검사 및 의료장비, 수준이 낮은 의료인력의 문제와 함께, 개혁개방 이후 기존의 집체경제인 인민공사에 기초한 농촌 의료보장 시스템이 붕괴된 반면, 개인이 부담해야 하는 점증하는 의료비용의 증가를 충당하지 못하여 대다수 농민들이 기본적 의료보장의 혜택을 받지 못하는 문제들이 발생하였다.

도시근로자 의료보장

도시근로자를 위한 의료보장은 1950년대에 만들어진 공비의료보장과 노동보험에 의한 의료보장으로 구성되어 있다. 노동보험은 1951년에 정무원이 공포한 〈중화인민공화국 노동보험조례〉에 의하여 시행되었다. 노동보험은 근로자를 위한 모든 급여를 포함한 것으로서, 연금, 의료보장, 산재보상, 모성보호, 및 기타 일시적 구호 프로그램을 포괄하고 있었다. 그리고 1952년에 〈전국 각급 인민정부, 당파, 단체 및 소속사업단위의 국가근로자를 위한 공비의료예방의 지시에 대하여〉라는 문건에 의하여 공비의료보장제도가 시행되었다.

노동보험에 의한 의료보장은 국유기업의 근로자와 가족, 도시 집체기업을 대상으로 시행하였다. 노동보험에 의한 의료보장의 재정은 기업급여총액의 일정비율을 공제하여 기업의 복리기금에서 지출하게 하였다. 각 직업부문간 상황에 따라 급여중 의료비용의 공제비용은 다소 차이가 있지만, 대체로 5~7%정도이다. 의료비용의 증가에 따라 공제비율이 높아져왔으며, 1991년에는 노동보험에서 복리비용으로 공제하는 비율은 11%에 달하였다. 당시 노동보험의 의료보장대상 근로자는 1억3,700만 명, 의료비지출은 약 250억 위안에 달하였다.

공비 의료보장제도는 건국 이래 발전되어온 것으로서 국가부문근로자를 위하여 국가재정으로 의료보건서비스를 제공하는 제도이다. 공비의료보장의 대상은 각급 국가기관, 당, 인민단체 및 문화, 교육, 과학연구, 위생, 체육 등 사업단위 근로자, 2급乙 등급 이상의 혁명상이군인 등이다. 1991년 당시 전국의 공비 의료보장의 대상인구는 2,800만 명에 달하였다.

지난 수십년간 중국의 노동보험에 의한 의료보장과 공비의료보장은 도시근로자의 보건의료서비스 제공에 크게 기여하였으며, 경제발전과 사회적 안정에도 기여하였다. 그러나 이들 제도의 몇 가지 측면은 최근 급속한 의료비용의 증가와 비효율적인 의료자원의 배치를 초래하게 되었다. 급여의 수혜자들은 대체로 무료의 서비스를 받았으며, 가족수혜자들은 의료비용의 50%를 부담하였다. 급여 수혜자에게는 재정적인 책임이 없거나 제한되어 있는 반면, 의료공급자에게는 비용효과적인 서비스를 제공할 수 있는 인센티브를 제공하지 못하였다. 두 제도 하에서의 급속한 의료비용의 과다한 증가는 수요 중심의 비용의식이 결여된 결과라고 볼 수 있다. 더욱이 자체 내의 병원이나 클리닉을 가진 대기업체의 근로자를 제외하고는 의료보장 수혜자들은 공립 병원으로부터의 의료서비스를 선호하였으며, 이는 정부가 정한 의료비용체계에 따라 서비스 비용이 보상되었다. 이러한 의료서비스별 수가체계는 의료 공급자에게 과도한 서비스 제공의 인센티브를 제공하였으며, 이는 또한 의료 비용 상승을 가속화하였다.

이와 같이 1980년대 이후 중국사회가 개혁개방에 진입하면서 이러한 의료보장제도는 다음과 같은 한계를 갖고 있어 극복해야할 난관과 도전에 직면하였던 것으로 지적되었다.

> 첫째, 공제의료비의 부족과 의료비의 증가로 노동보험과 공비의료보장은 재정부족 상태에 직면하였고, 결과적으로 의료보장체계의 유지가 어렵게 되었다.
> 둘째, 의료공급기관과 수혜자 쌍방 모두에 비용통제 장치가 없어 의료비용의 낭비를 초래하였다.
> 셋째, 공비의료보장과 노동보험 의료보장의 사회화 정도가 낮고, 위험분산기제가 없다.
> 넷째, 두 제도는 모두 개인부담이 없어, 권리와 의무의 상호대응 원칙이 실현되지 못하였다.
> 다섯째, 도시 의료보장제도의 적용범위가 좁고, 다양한 형태의 소유제도가 병존하는 상황에서 사회적 형평을 실현하지 못하고 있다는 점이다.

1980년대에 시작된 경제개혁은 비약적인 경제성장을 가져왔고, 중국의 사회경제적 환경을 극적으로 변화시켰다. 이에 따라 경제개혁의 성과는 보건의료 부문에 영향을 미쳤으며, 구 의료보장제도의 취약성을 노출시켜 새로운 사회경제적 환경에 적합한 보건의료제도로의 개혁이 필요하게 되었다.

도시지역에서는 이미 언급한 바와 같이 공비의료보장과 노동보험에 의한 의료비용을 부담함에 있어 재정적 어려움에 직면하였다. 고도의 의료기술과

서비스의 도입, 가처분 소득의 증가에 따른 의료수요의 증가, 의료서비스 공급자와 수요자에 대한 직접적인 비용 통제장치의 부족 등의 문제로 중국은 심각한 의료비용 인플레이션 현상에 직면하였다. 공비의료보장과 노동보험은 의료서비스에의 접근을 위한 형평성 측면에서는 효과적이었으나 의료자원의 배치와 서비스 공급 측면에서는 비효율성을 노출하였다. 또 다른 문제점은 기업간 또는 지역간 위험분산의 사회적 풀이 결여되어 있다는 점이다. 두 제도 하에서 각각의 기업이나 조직은 독립적으로 운영되었으며, 이에 따라 어느 한 기업이 적자가 나면 의료비용을 부담할 능력을 상실하게 되었다. 반면에 이 제도는 기업에 대하여 과중한 비용부담을 부과하게 되어 시장경제에서의 기업의 경쟁능력을 저해하는 결과를 초래하였다.

중국정부의 정책결정자들은 이러한 상황에서 만약 의료보장의 문제가 해결되지 않는다면 도시근로자들의 과도한 의료비용 상승이 의료비용 지불 능력을 초과하여 도시주민들의 의료수준의 지속적인 향상을 위협할 뿐 아니라 사회적 안정을 저해할 위험이 있다고 판단하였다. 이에 따라 중국은 1980년대부터 도시근로자 의료보장체계의 개혁을 단행하게 되었다. 개혁의 과정은 크게 두 개의 단계를 거쳤다. 첫 번째 단계는 1980년대초부터 1991년까지이며, 두 번째 단계는 1992년 이후 시범사업을 통한 개혁의 단계이다.

첫 번째 단계(1980-1991)에서 의료보장 개혁의 주요 목적은 비용통제에 있었다. 주요 개혁은 수요 측면과 공급 측면의 비용 절감방안의 도입이었다. 1985년 이전에는 개혁이 주로 수요 측면을 표적으로 하였다. 소비자로 하여금 비용에 대한 의식을 갖도록 비용부담(co-payment) 방식을 도입하였다. 1985년부터 1991년에는 개혁의 초점을 공급 측면에 두었다. 공급 측면의 비용부담을 통제하는 개혁방안으로는 병원 관할 지역의 수혜자 인구에 따른 의료비용을 선지급(pre-payment)하는 방안과 서비스 수가를 구체화하는 방안이 실험되었다. 이 방안은 병원 측이 사용한 의료비용이 선지급된 예산 보다 적을 경우 남은 비용을 병원 측이 활용할 수 있도록 허용함으로써 효율성을 향상시킬 수 있는 인센티브를 제공하였다. 선지급 방안은 선지급 예산과 실제 의료지출비용 간의 차이를 부담하는 책임을 병원 측이 지게 함으로써 비용통제의 책임을 의료공급자에게 부과하였다. 또 다른 공급 측면의 개혁은 정부가 보전할 수 있는 약값의 리스트를 구체화하는 것이었다.

이와 같은 수요 측면과 공급 측면의 비용통제 실험과 함께 공비의료보장과 노동보험의 관리를 향상시키는 노력이 이루어졌다. 일부 지역에서는 지역이나 기업 차원의 풀을 설치하여 기금을 조성하였다. 이러한 노력은 개별 기업들의 의료비용 부담 능력을 향상시키게 되었다.

이상과 같은 개혁 조치들은 중국의 급속한 의료보장 비용 상승을 완화시키는 역할을 수행한 것이 사실이며, 기업의 재정부담을 줄이고 기업이나 정부 사업단위들간의 의료비용 지출의 적절성을 향상시켰다. 그러나 이러한 개혁 조치들은 불완전한 것이었으며, 보다 근본적인 문제들을 여전히 남겨놓고 있었다.

초기의 개혁 조치들은 사회경제적 정책으로서 보완적인 변화, 특히 보건부문의 가격구조의 변화가 결여되어 있었다. 가격은 평균적인 중국인이 기본적 의료서비스에 접근할 수 있도록 정하여져 있었으며, 공급자에게는 실제 비용보다 낮은 가격으로 기본적 서비스를 공급하도록 강제하였다. 이에 따라 공급자들은 약값과 고비용의 검사로 적자비용을 보전하였다. 이러한 가격구조는 공급자의 재정충당을 위하여 고가 의료장비의 남용과 의약처방에 지나치게 의존하게 하였다. 초기의 의료 부문 개혁조지들은 이러한 문제를 해결하지 못하였으며, 의료보장의 재정과 관리체계의 근본적인 취약점을 개선하지 못하였다.

1992년에 시작된 의료부문의 2단계 개혁은 보다 근본적인 문제- 비용통제의 목적과 함께 위험분산을 확대시키는 사회화의 수준을 향상시키는 목적-에 초점을 두게 되었다. 이러한 변화는 국유기업의 개혁을 비롯한 경제개혁의 추진을 위하여 사회보장체계의 개혁을 연계시키는 전반적인 변화 속에서 진행되었다. 1992년 이전에는 의료보장의 개혁은 4개의 중간 규모 도시에서 시행되었으나 의료보장의 재정과 전달체계상의 비효율성의 문제는 여전히 계속되고 있었다. 1992년 광동성(廣東省) 선천에서 시행된 의료보험 개혁시범사업은 시 전체를 포괄하는 사업이었으며, 의료보험 개혁의 새로운 단계를 향한 길을 열었다.

1994년에는 강서성(江西省) 구강시와 강소성(江蘇省) 진강시가 의료보장개혁 시범도시로 선정되었으며 개혁 계획의 시안이 마련되었다. 두 도시는 개인저축계정과 사회적 풀 기금을 결합한 시범개혁방안을 1995년1월부터 시행하였다. 이러한 개혁은 기업단위의 보험을 시 전체의 풀로 전환시킴으로써 부적절한 위험분산 풀의 문제를 해결하고자 하였다. 개인근로자는 개인저축계정으로부터의 공제금과 연소득의 5%에 해당하는 공제금을 납부하여야 하였으며, 이는 의료서비스 이용에서 개인의 비용의식을 향상시키려는 의도를 갖고 있었다. 이 모형은 시 전체의 위험분산 풀을 개인의 책임과 결합한 형태이다.

도시 근로자의료보험의 제도개혁은 이와 같은 시범사업의 확대를 통한 점진적인 방식으로 추진되고 있다. 1995년 시작된 강서성 구강시와 강소성 진강시의 시범사업은 비교적 성공적인 경험을 얻었다.

1996년4월 국무원은 전국근로자 의료보험제도 개혁 확대회의를 열고, 구강시와 진강시의 시범사업 경험을 기초로 전국 27개 성의 50개 도시로 시범사업을 확대하기로 결정하였다. 이 회의에서 국가경제개혁위, 재정부, 노동부, 위생부가 공동으로 제출한 〈근로자의료보험제도 개혁확대 시범사업 의견〉이라는 문건에서는 의료보장 개혁의 목표와 다음의 10개항 원칙이 발표되었다. ① 도시 전체노동자를 위한 기본의료보장 제공, ② 국가, 기업단위, 근로자의 3자 비용부담, ③ 근로자가 누리는 기본의료보장은 개인의 대사회적 공헌에 연계, 기업단위의 부담을 경감에 유리하도록 함, ④ 의료기관과 환자 쌍방에 대하여 규제하는 기구의 건립, ⑤ 낭비의 억제, ⑥ 위생자원의 배치와 합리적 이용의 실현, ⑦ 공비의료보장과 노동보험 의료는 통일된 제도와 정책의 공동보조에 의한 개혁에 따를 것, ⑧ 정책과 운영을 분리하여 재정의 합리적 사용을 보장, ⑨ 근로자의료보험기금은 국가재정예산에서 관리하고 목적사업에만 사용함, ⑩ 국지주의(局地主義) 원칙에 의하여 행정, 기업, 사업단위는 소재지 사회의료보험에 참여하여 해당지역의 통일된 납부표준과 개혁방안을 집행함(蘇曉云, 1998: 106). 이러한 원칙은 구강시와 진강시의 시범사업에서 시행된 것으로 성공을 거두었고, 확대시범사업에서도 계속 시행되고 있다.

1996년12월 중국은 차후 10년의 주요 의료정책을 개발하기 위한 제1차 전국의료회의를 개최하였으며, 중국의 지도자들은 의료보험제도의 향상을 핵심 정책의제에 두도록 촉구하였다. 1997년 1월에 정책방향에 관한 획기적인 결정으로 〈당중앙위원회와 국무원의 의료개혁 및 발전에 대한 결정〉을 발표하였다. 정책목표 중에 두드러진 사항은 2000년까지 의료서비스 공급, 의료보험, 법적 모니터링을 포함한 중국특색의 의료보장제도의 예비적 틀을 마련하는 것이다. 이 결정에 포함된 다음의 몇 가지 조치들은 정책의 지도 지침과 긴밀하게 관련되어 있다.

· 의료서비스의 수요와 공급을 통제하는 메커니즘의 수립, 과도한 의료비용의 성장을 통제하는 과학적이고 적절한 지불방법의 수립, 모든 도시근로자에게 적절한 의료의 확대
· 지역사회의료보호의 발전과 이를 사회보험체계에 결합
· 농촌합작의료보장의 발전, 교육을 통한 보다 많은 농민의 참여, 보호내용의 점진적 확대, 과학적 관리와 민주적 통제의 강조

이러한 새로운 전국적인 의료정책을 수행하기 위한 전략을 수행하기 위하여 대부분의 성 정부는 이미 성 단위의 의료회의를 개최하였다. 중앙정부와 성정부 정치지도자들의 의료정책에 대한 관심과 헌신은 개혁기간 중에 전례가 없는 것이었으며, 의료정책의 개혁과 경제발전이 긴밀한 연관이 있다는 점을 인식한 결과였다. 국유기업의 개혁은 경제개혁의 핵심이었다. 그러나 국유기

업 개혁의 성공적인 수행은 사회안전망의 구축을 통하여 비생산적 사회적 책임으로부터 기업의 책임을 덜어주는 것이며, 의료보장제도는 이러한 사회안전망의 불가결한 부분이다. 시범사업 프로젝트는 의료보장체계의 발전을 위한 혁신적인 조치로서 이러한 상황을 해결함에 기여하기 위한 것이다.

의료보장 부문에서 시범사업 도시는 1992년 이후의 도시 의료보장 개혁의 초점이었으며, 도시지역 근로자 의료보험의 50개 도시의 시범사업 확대실시는 시범사업을 통한 의료보장 개혁에 대한 중국정부의 공약이라고 할 수 있다. 정부의 의료보험 확대정책의 추진으로 다음 〈표 8〉에서 볼 수 있는 바와 같이 의료보험 참가자 수는 2000년대 이후 크게 증가하는 추세에 있다.

연도별 도시근로자와 퇴직자의 의료보험 참가자 수와 도시주민의 의료보장 참가자 수 현황은 다음 〈표 8〉과 같다. 의료보험 참가자 수는 가파르게 매년 상승하고 있음을 볼 수 있다. 1995년 당시 의료보험가입자는 근로자 702.6만 명, 퇴직자 43.3만 명이었는데, 2015년 현재 의료보험 참가 근로자 수는 2억 1,362만 명이며, 퇴직자는 7,531.2만 명으로 증가하였다. 또한 2007년부터 근로자와 퇴직자 외 도시주민을 대상으로 기본의료보장 참가자가 통계에 기록되고 있는데, 2015년 현재 3억 7,688.5만 명이 가입되어 있다.

<표 8> 연도별 도시근로자와 도시주민의 의료보험 참가자 수 (단위: 만 명)

연도	의료보험 참가자수		도시주민 기본의료보장 참가자수
	근로자	퇴직자	도시주민
1995	702.6	43.3	-
2000	2,862.8	924.2	-
2005	10,021.7	3,761.2	4291.1*
2010	17,791.2	5,943.5	19,528.3
2015	21,362.0	7,531.2	37,688.5

자료: 중국노동통계연감, 2016

* 2007년 통계임

도시의료보장개혁의 성과

도시의료보장의 개혁도 도시양로보험의 개혁과 마찬가지로 시장경제로의 전환에 따른 기업의 경쟁력을 제고하고 국가-기업부담의 의료보장을 시장경제형 의료보장으로 전환하는 것이 개혁의 핵심과제였다. 1990년 이후 국무원의 정책결정 문건에 의하여 추진되었으며, 사회통합기금을 만들어 사회보험 형태의 의료보장체계를 수립하였고, 1998년의 국무원 정책결정 문건에 의하여 사회통합계좌와 개인계좌를 결합하는 독특한 통합기금 방식을 적용하였다. 이 방식은 의료비용을 수요와 공급 양 측면에서 억제하는 효과가 있는 것으로 중국특유의 방식이다. 개혁은 시범사업을 통해 점진적으로 대상이 확대되었으며 도시근로자는 1995년 745만 명에서 2015년 현재 2억 8800만 명 수준으로 확대되었고(도시근로자의 37.3%), 2010년 이후에는 도시지역주민에게도 확대되어 2015년 3억 7600만 명이 적용대상이다. 도시지역주민을 포함한 적용인구는 개혁초기인 2005년까지는 1억 3천만 명에 머물렀으나 2010년 이후 가파르게 증가하여 2015년 6억 6500만 명에 이르고 있다. 이는 도시양로보험과 같이 제도도입의 초기에는 제도기반의 미성숙으로 점진적이고 조심스러운 실험의 과정을 거치고 제도기반이 성숙하는 후기에는 급진적으로 제도가 확대되는 과정을 보여준다.

농촌 의료보장 개혁과 합작의료

중국은 농민을 한 주체로 하는 발전도

상의 나라이며 농촌의 발전상태와 9억 농민의 의료기본보장의 제공은 중국 정부가 당면한 중요한 문제이다. 중국정부는 의료위생사업의 중점을 농촌에 두어야 한다고 강조하여 왔으며, 예방을 위주로 하고 위생사업과 군중운동과 결합하는 위생방침을 견지하였다. 광대한 농촌지역에서 의사가 부족하고 의약이 결핍한 상황을 개선하기 위해 노력하였으며 농촌에서 현, 향, 촌의 3급 의료보건망을 건설하였고 합작의료보장제도를 건립하였다. 또한 농촌에 뿌리를 박고 농민을 위해 복무하는 수백만의 향촌의사들을 양성하였고 상당한 염가의 위생자원으로 공평의 원칙에 따라 수억 농민의 기본적 의료수요를 보장하여 농민의 건강을 보장하고 농촌사회경제의 발전을 촉진하였다. 중국의 농촌의료보장사업은 저소득 고효율의 성공모델로서, 세계 1%의 위생비용을 점하여 세계 22%의 인구를 위하여 기본적 의료위생서비스를 제공하고 있다.

1980년대 이래 중국은 사회주의 시장경제체계의 건립을 목표로 한 사회개혁을 추진하였으나, 원래의 농촌의료보장체계는 농촌경제체계의 변혁에 따라 심각한 문제가 나타났다. 농촌합작의료체계로 집단소유제가 가정연합생산청보책임제로 대체되었으며 농촌위생보건은 경비의 모금과 업무의 관리, 농촌의사 양성 등에서 매우 많은 문제가 발생하였다. 실제로 농촌경제는 큰 발전을 가져왔으며 농민의 소득은 증가하였으나 비용이 낮은 합작의료는 유지될 수 없었으며 농촌경제발전과 의료보장수준의 발전은 매우 불균형하여 농민의 건강보장 수준은 경제발전 수준에 비해 뒤떨어져 있었다. 다수 농민의 기본적 위생서비스는 보장되지 못하게 되었으며 농민은 질병으로 빈곤해지고 3급 위생보건망 기능이 쇠퇴되고 향촌의사가 떠나게 되었다. 농촌의료보건체계의 재건설은 각급 지방정부와 광대한 농민계층이 관심을 가진 중요한 문제가 되었다. 농촌의료보장체계는 시장경제의 발전에 적응되어야 하며, 농촌의료보장의 불완전은 경제문제인 동시에 국가의 정치문제이기도 하다.

농촌 초급위생보건

초급위생보건의 실천은 농촌에서 의료보장체계의 기반이다. 1977년 세계보건기구(WHO)에서는 "2000년에는 개개인이 위생보건을 향유할 수 있다"는 전지구적 전략목표를 제기하였다. 1986년에 중국정부는 이 목표의 승인을 명확히 표시하였으며, 1988년 이 붕 총리는 정부가 이미 WHO의 일체 사무를 적극 지지하며 적극적으로 이 목표의 실현을 위해 노력할 것을 약속하였다. 특히 "농민의 건강을 보장하고 인구의 질을 높이는 것을 사회경제의 발전목표에 기여하고 위생사업과 경제발전이 함께 성장하게 한다"고 하였다.

농촌 주민이 위생보건을 향유하는 실천적 기본전략은 전체농민에게 초급위생보건을 실시하는 것이다. 농촌 초급보건의 실현을 위하여 위생부, 국가계획위원회, 농업부, 국가환경보호국, 전국애국위생운동위원회들이 연합하여 〈2000년 각 개인이 향유할 위생보건의 계획목표〉를 반포하였다. 〈2000년 각 개인이 향유할 위생보건의 계획목표〉 에 따르면, 국가적 차원에서 모두 개인은 초급위생보건을 향유할 권리가 있고, 초급위생보건에 참여할 의무가 있으며, 또한 이를 위해 공헌해야 한다. 초급위생보건은 위생부에서 농촌주민을 위해 제공한 최저의 위생보건서비스이며, 관련 정부부문에서 인민의 건강을 보장하는 것이며 전 인민의 건강을 향상시키는 중요한 임무이다.

(1) 2000년 보편적 위생보건의 최저수준

국가는 각 지역의 사회경제발전의 차이에 근거하여 현을 단위로 발전 정도에 따라 서로 다른 최저의 수준을 규명하였다. 초급위생보건지표는 아래의 12가지 방면으로 나누었다.

① 초급위생보건을 현, 향(진) 정부사업목표와 당지 사회경제발전계획에 포함한다.
② 현 정부 년도위생사업의 재정은 두급 재정지출에 비례한다.
③ 건강교육의 보급율

④ 행정촌 위생실 보급율, 각급 위생실이 촌위생실의 점유율
⑤ 기금위생보건 보급율
⑥ 안전위생수 보급율
⑦ 위생화장실 보급율
⑧ 식품위생 합격율
⑨ 영아사망율의 매5년의 감소율
⑩ 임산부사망율의 매5년의 감소율
⑪ 아동이 "4가지 접종"의 한 가지 접종율
⑫ 법정보고전염병의 발생율의 매5년의 감소율, 지방병(요드결핍증, 불소결핍증 등) 발병지구 특정지표, 즉 지방병 이환율이 매5년의 감소율.

전국 각 지역이 본 지역의 실제로 출발하여 각 지역에 맞는 계획과 실시방법을 착안하고 경제발달지구와 위생보건사업이 좀 잘 된 지역은 내부를 확대하고 수준을 높여야 한다.

(2) 초급위생보건사업의 관리

각지 지방정부 주요책임자와 유관부문의 책임자로 구성한 초급위생영도소조가 직접적으로 초급위생보건의 지도책임을 진다. 본 지역의 초급위생보건계획과 년도계획을 심의하고 상응한 지방 성 정책과 법규를 규명하고 각 부문의 업무를 조절하고 각 부문의 사업의 실행을 검토하고 전사회가 초급위생보건에 참여하도록 조직, 동원하며 정기적으로 관할지역의 초급위생보건의 평가 사업을 조직하여야 한다.

각급 정부의 지도 하에 전문적인 행정기구를 구성하고 일반적으로 위생부문에서 책임지고 초급위생 보건사업을 구체적으로 실행을 한다. 연도계획을 세우고 계획의 실천을 독촉하고 정기적으로 정부와 초급위생 보건영도소조에게 사업과 의견을 보고하며, 초급위생 보건관리의 일상 사업을 처리한다. 초급위생보건 전문문의조를 건립하고 초급위생보건정책과 계획의 진행성의 가능에 대해 논증하고 관련부문을 협조하여 초급위생 보건항목의 목표에 대

해 조사연구를 진행하고 과학적으로 예측하고 검토 평가하여야 한다.

초급위생보건은 하나의 종합적인 사회발전 목표이며 정부유관부문은 모두 그것을 조직하고 실천할 책임을 갖고 있다.

계획, 재정, 경제부문은 초급위생보건을 사회경제의 발전총체계획에 기여하여 초급위생보건의 경비의 투입과 경제발전을 동시에 증가하게 하여 "계획목표"가 요구하는 비례에 점차적으로 도달하여야 한다. 문화, 신문, 전파, 영화매체 부문은 초급위생보건의 선전, 보도, 위생지식의 확산, 건강교육의 보급, 주임의 자아보건능력의 향상을 책임져야 한다. 교육 부문은 중소학교의 위생상식과를 개설하여 위생상식교육을 진행하여야 한다. 수력 부문은 농촌물의 계획 설계를 책임지고 경비의 모금과 시공관리를 진행하여야 한다. 도시와 향의 건설, 환경보호부문은 도시와 향의 공공위생시설의 계획, 설계, 개조사업을 책임지고 도시와 진의 생활하수의 처리와 정수시설을 추진하고 환경위생을 제고하여야 한다.

농업부문은 향진기업을 독촉하여 기술개조를 강화하고 식품위생관리를 강화하고 공업오염 위험을 제거하여야 한다. 변의 무해화 처리를 적극적으로 추천하고 농약, 비료를 합리적으로 사용하고 불소가 오염이 심한 지역은 불소감소로를 설치하는 것을 추천한다. 애국위생운동위원회는 물을 정화하고 위생실을 개조하고 완경위생의 감독과 지도를 받으며 건강교육을 보편화하여야 한다.

공업, 상업, 식량, 공급부문은 건강위해요인을 제거하는 책임이 있다. 식품기업의 관리를 강화하고 식품, 식량, 식용유등 위생질량을 제고하고 주민식품구조를 개선하고 의약생산 공급부문은 농촌기본적인 약의 사용의 안전공급을 제공하여야 한다. 민정부문은 "노, 소, 변방, 가난"한 지구와 지방병 지역을 도와 가난에서 벗어나 부의 길로 인도하여야 한다. 중점적으로 전염병지구의 빈곤구제사업을 진행하고 유관부문과 합작하여 정신병, 지방병 등의 예방사업을 진행하여야 한다.

공안, 사법부문은 "식품위행법", "전염병예방퇴치법", "약품관리법"의 관철진행을 책임지고 보호하여야 하며 가짜약품을 제거하고 불합리한 위생기준의 식품의 생산과 판매를 중단하고 불법적으로 진료하고 주민건강을 영향주는 행위를 처벌하여야 한다.

⑶ 농촌초급위생보건사업의 단계적 성과

중국정부의 통일적인 배치에 의해 농촌의 초급위생보건사업은 〈2000년 각 개인이 향유할 위생보건의 계획목표〉의 실현을 3개의 단계로 나누어 점진적으로 실현한다. 각지는 본 지역의 실제상황에 근거하여 점차적으로 초급위생보건의 각항 지표에 도달한다.

제1단계(1989-1990): 계획 단계

이 단계의 주요한 임무는 다음과 같다.

① 전면적으로 초급위생보건의 선전교육을 진행하고 각급영도들이 초급위생보건의 인식, 간부의 관리교육, 기술대오와 군중위생을 향상하여 초급위생보건사업의 중요 의의, 작용, 위치를 이해하게 하고 초급위생보건사업의 기본내용, 실천방법, 평가기준을 장악하고 사업직책을 명확하게 하며 책임을 져야 한다.

② 농촌 3급 의료위생망을 건설하고 통일적으로 계획하고 합리적으로 배치하는 원칙에 의해 농촌기층위생조직을 공고화하고 농촌의료보장제도를 개선하고 보완하여야 하며 초급위생보건의 조직준비의 실천을 완성하며 계속적으로 농촌에서 기급의료보건제도을 실행하며 농민을 위해 제때에 기본의 의료예방보건복무를 제공하여야 한다.

③ 광범위한 조사연구를 통하여 각항 계획지표 상황을 장악한 기초 위에서 '2000년 보편적 위생보건의 향유의 최저하 현기준'에 근거하여 각 지역의 예산액을 제출하고 상응한 실천방법을 제정한다.

④ 조건이 적합한 현, 향, 촌을 선택하여 초급위생보건의 시점으로 삼으며 본성에서 전형적인 의의가 있는 시범 현으로 건립한다.

이 단계에서 전국은 10%의 현이 처음으로 계획목표의 기준에 도달하였다.

제2단계(1991-1995): 전면적 보급단계

전국각지에서 광범위하게 초급위생보건의 사업의 목표도달을 진행하였고 성, 현, 향 3급 정부의 지도하에 군중이 충분히 참여하여 전면적으로 〈2000년 각 개인이 향유할 위생보건의 계획목표〉를 실천하고 정부부문은 위생사업의 투입을 확대하였고 아동의 계획면역의 역도를 강화하여 아동의 전염병의 발병률을 현저히 낮추었으며, 전파가 빠르고 위해성이 큰 전염병의 예방퇴치를 강화하며 물을 정화하고 불소함량을 낮추며 지방병 발병구역의 음수조건을 개선하여 불소중독증의 확산추세를 억제하였고, 흡혈귀병의 예방퇴치사업을 계속적으로 진행하고 농민을 조직하여 기생충의 생식장소를 소멸하여 90% 이상의 흡혈귀환자가 완쾌되었으며, 광범위한 요드염을 복용하고 요드가 포함되지 않은 소금의 판매를 금지하여 적극적으로 요드 결핍병을 예방 퇴치하였다. 정부와 군중의 함께 노력한 결과 각지의 지방병은 효과적으로 예방 퇴치되었으며 대폭적으로 농민의 신체소질을 향상하였다.

위생지식을 보급하고 농민의 건강교육을 펼친다. 1994년 국가에서 전국 9억 농민의 건강교육 행동영도소조를 건립하였고 지방에서도 상응한 기구를 설립하였다. TV, 라디오, 소책자 등 선전형식을 이용하여 광대한 농민에 대해 건강교육을 진행하여 더욱 많은 농민들이 건강지식을 장악하였고 농민의 위행습관이 형성되고 있으며 체질이 증가되었다. 호북성 건강교육 중간평가에 의하면, 전 성의 농민위생지식 습득율이 행동 전에 74%로부터 89%로 증가하였고 위생행위와 위생습관율도 15%로부터 58%로 증가하였으며, 강서성 두 개의 시범 현 중의 800개호 가구에서 농민위생지식, 태도와 행위의 정확한 답변율이 조사 전보다 40.55%, 31.59%, 25.03%로 각각 증가하였다. 1995년 각

성에서 각지 초급위생보건지급사업의 조사를 통하여 전국은 50%의 현이 기본적으로 "2000년 보편적 위생보건 향유"의 최저기준에 도달하였다.

제3단계(1996-2000년): 발전의 촉진과 전면적 목표도달단계

이 단계의 임무는 사회경제가 한층 발전하는 기초 위에서 초급위생보건을 보완, 발전시키고 발전을 재촉하며 모든 현이 초급위생보건 최저수준에 도달하게 한다. 이미 지표에 도달한 현은 새로운 기초 위에서 노력하여 더욱 높은 기준으로 새로운 목표로 전진해야 한다. 경제의 지속적인 발전과 정부위생부문의 지속적인 노력에 따라 "2000년 보편적 위생보건 향유"의 보증을 실현할 수 있으며 중국농민의 건강수준도 한층 더 높은 결과를 가져오게 한다.

농촌합작의료의 발전과 개혁

합작의료는 농촌의 집체경제조직과 농민이 공동으로 기금을 부담하여 의료기금을 만들며 일정한 비례로 농민의 의료와 예방보건비용을 지불하며 농민을 위해 저렴한 의료보건서비스를 제공하는 일종의 상호부조 의료보장제도이다. 합작의료는 농촌의료보장체계의 핵심제도이다. 장기간 농민은 합작의료제도에 의하여 질병의 고통을 이겨냈으며 농민의 기본적인 의료욕구를 보장하여 왔다. 중국에서 사회주의 시장경제를 건립하는 과정에서 50년의 경험을 갖는 합작의료제도는 새로운 변화와 발전의 기회를 맞이하게 되었다.

(1) 합작의료의 역사적 배경

합작의료는 중국인민을 위해 독립적으로 창조한 일종의 의료보장제도로서 장기간의 발전과정을 갖고 있다. 1940년대 이전에 감숙성 변방의 농민은 "모금"의 방법으로 의료합작사를 건설하여 자신들의 질병문제를 해결하였는데, 이것이 합작의료의 시작이었다. 해방후 농업합작화 운동중 농민들이 기금을 모아 공익성의 보건소와 의료실을 건설하였다. 1950년대 후반 전국각지 농촌

에서 집체경제를 기초로 하고 집체와 개인을 결합하며 상부상조하는 집체보건의료소를 건설하는 방안을 제기하였으며, 이는 의료실에서 진료할 때 문진비를 받지 않으며 약값은 싸게 하거나 일부의 약값을 감면하는 것이다.

1959년말 위생부는 산서성 제산현에서 전국농촌위생사업회의를 열어 농촌합작의료제도를 정식으로 인정하였으며, 이후 합작의료는 전국적으로 보편화되었다. 1965년 9월 중국 공산당 중앙에서는 위생부 당위의 "위생사업의 중점을 농촌에 두어야 한다는 보고"를 승인하였다. 이 보고는 전국합작의료사업의 발전을 적극적으로 추진하여 농민의 진료문제를 해결하였다. 1968년 12월5일 인민일보의 "빈하중농의 호평을 받는 합작의료제도"라는 제목의 조사보고는 호북성 장양현 낙원공사 두가촌 대대가 창건한 합작의료를 소개하였다. 거기에는 농민개인이 한해에 1위안을 납부하고 대대는 공익기금 중에서 5십전을 보조하는 것으로 합작의료기금으로 하며 농민이 진료시 5전의 진료비만 내면 된다. 모택동은 조사보고 중에서 "합작의료가 좋다"고 평가하여 합작의료는 발전시기에 들어서게 되었다. 1970년대에는 전국에서 90%이상의 농민이 합작의료에 참여하였고 농민의 기본의료보장이 되었다.

⑵ 합작의료의 위기와 도전

1970년대말 1980년대초에 농촌가정연합생산도보제의 시행에 따라 집체경제의 조직이 변화를 가져왔으며, 집체경제와 연관된 합작의료제도는 이에 상응한 변화의 부족으로 중국 대부분 지역에서 농촌합작의료체계는 해체를 맞이하게 되었다. 1996년 7월 국무원은 전국농촌의료경험교류회에서 아래와 같이 지적하였다. 현재 중국에서 실행한 합작의료의 농촌인구는 10%에도 도달하지 않으며 중국 대부분 농민은 완전히 자비로 진료하는 집단이 되어 농민은 다시 의료가 궁핍한 환경에 처하게 되었다. 위생부가 전국적으로 진행된 국가위생서비스총조사에 의하면, 농촌인구중 질병이 있지만 비진료율이 33.2%이며, 그중 경제가 곤란하여 비진료율이 19.92%를 차지하고, 입원치료해야 하지만 입원하지 않은 비율이 36.13%이며, 이중 경제난 때문인 것은 58.81%이며, 농민이 의료보장이 없어 병 때문에 가난해진 농가가 전체 빈곤 가구의 30%-40%를 차지하였다.

합작의료의 문제를 가져온 원인은 다음과 같은 세 가지 요인이 있었다.

> 첫째, 생산대를 기초로 한 집체소유제의 해체는 합작의료로 하여금 생존할 수 있는 경제적 기반을 잃게 하였다. 인민공사 체계의 해체는 경제조직 기능이 약한 농촌위원회로 교체되었으며, 집체경제가 매우 빈약하여 원래의 집체와 농민이 공동으로 기금을 마련하여 건설한 합작의료는 재정기반을 잃게 되어 합작의료는 더 이상 지속될 수 없었다.
> 둘째, 위생경제의 환경이 변화하였다. 전통적인 합작의료의 관리체계, 경비 모금범위, 의료위생기준, 보험비용은 모두 당시의 물가, 낮은 수입, 낮은 소비수준에 맞추어져 있었다. 예를 들면, 1970년대 산동성 진안시의 농민은 매년 2원을 납부하면 150원의 보험금액을 수혜하였는데, 이 금액은 기본적인 위수술, 자궁절제 등 복부수술의 전부입원, 진료비용을 감당할 수 있었다. 그러나 1990년대에 이런 수술은 1500원으로 해결하기 어려우며 약값은 배로 늘어 낮은 수준의 합작의료는 고가의 의료환경하에서 운영하기 어렵게 되었다.
> 셋째, 합작의료의 사회적 배경이 변화하였다. 농촌경제는 다원화의 발전양상을 보여 농민의 소득과 위생소비의 욕구도 서로 다르며 농촌 인구 유동성이 증가되고 농민도 지식이 넓어져 합작의료는 농민의 다양한 선택사항 중의 하나로 되었다.

전통적인 합작의료제도는 자연적인 경제발전에 적응한 것이었다. 그러나 시장경제체제로의 전환과정 중에 농민의 의료적 위험이 증가되어 질병 때문에 빈곤하여질 가능성도 증가되었다. 합작의료는 이제 반드시 새로운 방법을 찾아야만 시장경제 조건 하에서 재생할 수 있게 되었다.

(3) 합작의료의 개혁

앞에서 언급한 바와 같이 1950년대에 시작되어 발전한 합작의료는 1970년대에는 농민의 90% 이상을 포함하는 의료제도로서 발전하였으나, 경제개혁 이후 합작의료제도는 점차 그 기반을 상실하여 합작의료의 대상인구가 농촌 인구의 5%에도 미치지 못하게 되었다. 이러한 합작의료의 쇠퇴원인은 세 가지로 요약된다.

> 첫째, 합작의료의 재정방식이 새로운 농촌경제 개혁과 합치하지 않는다는 것이다. 가정단위의 생산계약책임제가 실시되면서 이전의 집합경제가 재정기반을 상실하여 더 이상 합작의료제도를 유지할 수 없게 되었다. 둘째, 이전의 합작의료는 보장수준이 낮아 중한 질병에 대처할 수 없다는 결함이 있다. 셋째, 새로운 농촌경제 상황에서 합작의료제도를 유지할 것인가에 과하여 정부 부서들간에 이견이 존재하여 정책의 조정이 어려워지고 합작의료제도의 발전을 제한하였다.

이러한 상황에서 중국정부는 농촌합작의료제도를 새로운 농촌상황에 합당한 개혁을 추진하기로 결정하였다. 새로운 합작의료는 ① 정부의 조직과, 지도, 지원, ② 농민의 자발적 참여, ③ 개인, 집체, 정부의 공동재정 부담이라는 원칙 하에서 새롭게 발전하게 되었다.

중국 현 단계의 합작의료발전의 원칙은 정부의 조직, 인도, 지지하고, 농민이 자발적으로 건설며, 각지의 지역에 맞게 다양하게 하며 과학적으로 관리하고 군중이 감독하는 것이다. 합작의료는 농민군중이 필요한 의료보장을 얻는 필요수단이며 현재 농촌위생사업발전을 촉진하는 관건이다. 8기 인대 4차 회의에서 비준한 〈국민경제와 사회발전 '95'계획과 2010년 장기목표요강〉에서 정부는 지역에 맞게 효과를 얻는 발전과 보충하는 서로 다른 형식의 농촌 합작의료보험제도로써 향후 15년 경제체계개혁을 심화하며, 사회보장개혁의 중요한 과제로서 합작의료가 국가와 인민에게 이득을 주는 사회보장제도로의 개혁과 실천이 불가피하다고 규정하였다. 합작의료의 개혁과 재건과정 중에 특별히 처리해야 할 몇 가지 문제는 다음과 같았다.

첫째, 농민들의 자조를 정부의 조직, 지도와 지원과 상호결합하는 것이다.

전통적인 합작의료제도의 건립은 농민들이 자발적으로 진행한 작용이 크며 현재 합작의료의 재건은 농촌기층조직이 큰 기능을 발휘해야 한다. 각급 정부와 관련부분은 중앙의 합작의료를 발전하고 보완하는 정책을 철저히 수행하며 합작의료를 재건하는 것을 농촌경제발전을 촉진하는 것으로 삼으며, 당과 인민군중의 관계를 밀접히 하고 사회안정을 유지하는 사업으로 진행하여야 한다. 합작의료를 발전하는 것은 농민의 이익과 밀접한 관련이 있고 농촌사업의 전 국면과 연관이 있으며, 재정, 농업, 위생, 계획, 민정 등 타 부문에도 영향을 미치고 정책성이 강하고 조작이 어려우며 타 부분과 밀접히 배합하여야 하며 체계적으로 조직하고 열심히 조사연구하며 시범사업을 잘 장악하며 경험을 잘 종합하여 점차적으로 확대 발전하여야 한다.

둘째, 개인이 부담하는 것으로 위주로 하고, 집체가 도우며, 국가가 지원하는 3자부담 공동기금의 합작의료기금을 마련하는 메커니즘을 건립하게 하였다.

농민개인이 납부한 보험금은 합작의료기금의 주요 재원이며 납부한 금액과 납부의 방법은 각지의 경제발전 수준과 군중의 부담하는 능력에 근거하여 촌의 민주적으로 협상하여 결정한다. 향진, 촌 단위의 집체부담금은 합작의료기금의 중요 구성부분이며 이는 보충투입과 보조의 작용을 한다. 지방정부는 재정능력에 근거하여 적당한 자금을 투입하고 지역의 합작의료를 지원하여야 한다. 합작의료기금의 모금은 반드시 지역에 맞고 능력에 맞게 수행하는 원칙을 준수하고, 모금으로 기금을 마련하며 해당지역의 모금능력과 수준에 맞는 농촌합작의료사업을 만든다.

이와 같은 새로운 합작의료의 특성은 다음과 같이 요약될 수 있다. 첫째, 정부의 지원이 확대되었다. 둘째, 중한 질병에 대한 보장에 초점을 둔다. 셋째, 풀의 단위를 과거의 향, 진 단위에서 현 단위로 향상시켜 사회적 풀의 범위를 확대한다. 넷째, 농민의 자발적 참여의 원칙이 규정되었다. 농민은 정보와 지원의 권리를 가지며, 제도가 개방적으로 변화하였다. 다섯째, 정부의 지도와 조정책임이 강화되었다. 여섯째, 의료구제제도를 병행하여, 빈곤한 농민을 위한 지원이 강화되었다. 이에 따라 중국은 2010년까지 대부분의 농민을 포괄하는 새로운 합작의료제도를 발전시키는 것을 목표로 개혁을 추진하게 되었다.

농촌 합작의료보장의 형식

중국은 농민을 주체로 발전하고 있는 국가로서 8억 농민의 의료보장은 중요한 국가적 문제로 인식되고 있었다. 중국의 농촌의료보장은 기본위생보건을 위한 의료보건망과 합작의료보장제도로 구성되어 있다. 건국 이래 중국은 농촌에 현, 향, 촌의 3급 의료보건망을 건립하고 공평성의 원칙에 따라 저렴한 자원으로 고효율의 의료보장을 하였다고 평가하여 왔다. 즉 세계보건비용의 1%로써 전세계 22%의 인구에게 기본의료위생서비스를 제공하였다는 것이다. 그러나 1980년대 이래 시장경제에로 진입하면서 원래의 농촌의료보장은 농촌경제의 개혁에 따른 중대한 문제에 직면하였다. 즉 농촌경제의 발전과 농촌보건위생의 수준에 불균형에 생기게 되었으며, 3급 의료보건망도 기능이 약화되었다. 이에 따라 사회주의시장경제체계의 발전에 적응하는 농촌보건위생제도의 건립이 필요하게 되었다.

중국정부는 1988년에 제정된 〈2000년 각 개인이 향유할 위생보건의 계획목표〉라는 문건에서 12개 방면의 최저목표를 설정하고 이를 성취하는 단계적 사업을 추진하였다.

제1단계(1989~1990)는 계획시범단계로서 다음의 주요 임무를 시행하게 하였다. 초급위생보건의 선전교육을 전면진행하고, 위생보건의 인식을 제고하며, 관리간부와 기술진을 훈련시켜 그들로 하여금 초급위생보건사업의 의의를 인식하게 한다. 농촌의 3급 의료보건망을 건립한다. 조건에 적합한 현, 향, 촌을 선정하여 초급위생보건시범사업을 추진하였다. 이에 따라 이 단계에서는 전국의 10%에 해당하는 현이 기준목표에 도달하였다.

제2단계(1991~1995)는 전면적 보급단계로서 전국각지에서 省, 縣, 鄕의 3급 정부의 지도아래 초급위생보건을 광범하게 추진하였다. 이 단계에서는 전국의 50%에 해당하는 현이 2000년 기준목표에 도달하였다.

제3단계(1996~2000)는 발전의 가속단계로서 나머지 50%를 포함한 모든 현으로 하여금 최저기준목표에 도달하게 하고, 이미 목표에 도달한 현은 새로운 목표를 향하여 전진하게 한다는 것이다.

한편, 농촌합작의료보장제도는 중국의 독창적 의료보장제도로서 농촌의 집체경제 조직과 농민공동의 자금으로 건립한 의료위생기금으로 일종의 상호부조의 성격을 갖는 제도이다. 합작의료제도는 1940년대부터 자생적으로 생겨난 것으로 정부(위생부)는 1959년에 공식적으로 이 제도를 인정하였다. 그런데 1970년대말과 1980년대초에 농촌가정 연산승포책임제(聯産承包責任制)의 추진에 따라 집체경제의 조직에 중대한 변화가 나타났다. 집체경제와 연관된 합작의료제도는 새로운 변화에 적응하지 못하고 대다수 지역의 농촌에서 합작의료제도가 해체되었다. 이에 따라 1996년 7월의 정부보고에 의하면, 합작의료제도를 시행하는 농촌인구는 10%에 미달하였다.

1990년대 후반 중국의 농촌합작의료보장제도의 재건은 적극적 탐색과 실험단계에 있었다. 1996년 7월 위생부는 20세기말까지 경제발전이 일정한 수준 이상인 농촌지역에서는 사회주의시장경제와 농촌경제의 발전수준에 상응하는 기본의료예방보건서비스를 보장하는 다양한 형식의 농촌합작의료제도의 건립을 요구하였다. 그리고 2010년까지 합작의료는 전체농민의 80%이상을 포함하도록 한다는 계획을 수립한 바 있다. 현재 합작의료제도는 하남, 강소, 산동, 광동 등 지역에서 발전하고 있으며, 다음과 같은 몇 가지 방식의 합작의료제도가 시행되고 있다.

합작의료보험의 형식은 각 지역에서 지역의 실제상황에 근거하여 적극적으로 탐색과 실험을 진행하여 어느 정도의 성과를 기두었다. 1996년 7월 위생부에서는 20세기말까지 경제가 중등이상 발달한 농촌지구에서 초보적으로 사회주의 시장경제체계와 농촌경제 발전수준과 상호적응하는 것을 건립하고 농민으로 하여금 기본의료예방보건서비스의 각종 형식의 농촌합작의료를 보장할 수 있어야 한다. 2010년에는 합작의료가 농촌의 보급률은 80%이상 도달하는 목표를 갖고 있다. 현재 중국의 합작의료보장제도는 전국에서 발전하고 있으며, 특히 하남, 강소, 산동, 광동 등 지역에서 상당한 발전을 거두었으며 각지는 서로 다른 전통과 경제발전수준으로 합작의료의 조직형식은 지역의 차이로 그 지역에 맞는 효율적인 경험을 축적하였다.

(1) 현, 향, 촌 3급 합작의료보험

현, 향, 촌 3급 합작의료보험제도는 합작의료 발전의 고급형식으로서 강소성 금단시에서 추진하였다. 관리체계는 현, 향 2개 급에서 실행하고, 3개 급의 기금, 3개 급의 결산으로 이루어지는 3급 합작의료보험체계이다. 금단시는 시장과, 위생국, 농공부, 재정국, 민정국 등 유관부문 책임자로 농민합작의료보험관리위원회를 구성하고, 그 아래 시 위생국에 사무실을 두어 일상적 업무를 처리하도록 하였다. 해당 위원회의 임무는 합작의료보험의 방법, 조직과 검사, 기금의 수집, 재정과 결산의 심사이다. 각 향, 진 정부도 농민합작의료보험관리위원회를 구성하고 향, 진 중심의 위생원에 사무실을 두었다. 사무실의 임무는 보험기금의 관리와 의료비 보상의 심사와 환불이다. 시 합작의료기금은 농민 평균수입의 1.5%를 수납하고(매년 15 위안 정도), 이를 시 급 기금에 2 위안, 향 급 기금에 5 위안, 촌 급 기금에 8 위안을 분배한다. 합작의료보험에 참여하는 농민은 촌 위생실에서 간병, 접수비, 주사비, 진료비, 약값, 처치비 등 전액 면제된다.

이러한 3급 합작의료보험체계 중 농민의 작은 병과 일반 보건예방은 촌급 위생실에서 바로 합당한 의료 서비스를 받을 수 있으며 중환자의 의료비용은 정도에 따라 일정한 보상 환불을 제공하며 병이 심하면 합작의료보험기금중의 비율이 더 높아진다. 이런 합작의료보험은 금액모금의 범위가 넓고 인원이 많으며 조직이 엄밀하며 자금실력이 풍부하며 의료보장체계는 모험능력을 극복하는 것이 강하며 농민에게 제공한 의료보장은 비교적 충분하다. 현재 중국경제가 비교적 발달한 광동성, 절강성, 강소성의 일부 현, 시에서 이러한 3급 합작보험제도를 실행하여 농민들의 환영을 받았다. 그러나 한 개 현의 범위내 향진들간의 경제발전이 불균형하고 농민의 수입도 불균형하며, 또한 기층 정권의 조직화 정도도 큰 차이가 있으며 현, 시를 단위로 합작의료체계를 건설하는 조건은 대다수 현, 시의 준비가 불충분하여 3급 합작의료보험의 형식은 단시일 내에 보편적으로 실행할 수 없다.

⑵ 향과 촌의 연합경영과 통일화된 관리의 합작의료

향촌연합의 합작의료는 향, 진 정부의 지도하에 농민합작의료위원회를 구성하고, 향, 진 위생원을 중심으로 村 위생실을 연합하여 통일적으로 관리하여 농민을 위해 의료보건서비스를 제공하는 농촌의료보장제도이다. 이런 합작의료제도의 특징은 향, 진 지역 내에서 합작의료기금을 모금하고 개인을 위주로 모금하며 집체에서 보조하는 것으로 한다. 원칙은 정부에서 인도하고 군중에서 얻어 군중에게 쓴다. 합작의료의 농민은 무료로 혹은 일부의 비용만으로 기본적 의료서비스를 누릴 수 있어 광대한 농민으로 하여금 의료보장의 구성이 되게 하였다. 하남성 개봉시는 1994년에 합작의료체계를 재건하였고 합작의료가 가동된 초기에 향진정부와 향진 위생원 모두가 일부분의 자금을 지불하고 농민은 10-15위안을 내면 합작의료수첩을 갖고 향진 위생원과 촌 위생실에서 진료시 문진비와 급진비, 주사비등의 26개 항목을 무료혜택을 받을 수 있고 56개 항목의 부분적 혜택을 받을 수 있어 농민 실제적으로 혜택을 받았다. 큰 병으로 입원으로 한 합작의료제도는 향진 위생원을 중심으로 한 합작의료의 또 다른 형식이다. 큰 병으로 입원한 합작의료의 특징은 큰 병을 보험하고 작은 병은 하자 않으며 중점적으로 농민이 큰 병 때문에 가난해지는 문제를 해결하는 것이다. 예를 들면, 호북성 노하구시 죽림시에서는 농민입원의료보장을 실행하였는데, 진 정부와 진 위생원이 연합하여 농민이 참여하는 합작의료관리위원회를 구성하고, 입원하면 비준을 받고 환불은 심사를 받으며 타 병원으로 옮기면 수속을 받는 계열적인 관리방법을 제정하였다. 농민은 매년 1인당 20위안을 납부하고, 입원비용의 70%를 환불받을 수 있으며 최고환불한도는 1000 위안이다. 강소성 홍화시 심륜향에서도 농민입원의료보험제도를 시행하였으며, 농민이 매년 1인당 12위안을 내면 보상받는 범위는 침대, 검사비, 약값, 치료비, 수술비 및 구급성 수혈을 포함하여 보상제도을 엄격화하고 실사를 진행하여 수입과 지출이 대체로 평행을 이루었다.

향, 진을 단위로 합작의료보장제도를 건립하거나 향진 정부가 나서 농민입원의료보험을 건립하는 것은 합작의료 발전과정 중 선택한 중요한 형식이다. 이런 합작의료는 농민을 위하여 질병에 대처하는 능력을 제공하며 기본적으로 농민으로 하여금 큰 병, 중병으로 인한 가정의 빈곤문제를 해결하고 동시에 의료자원의 합리적인 이용에 도달할 후 있으며 향진 정부의 목표와 일치한다. 관리만 엄격하면 집체경제는 또한 일부분의 자금의 보조도 제공할 수 있어 합작의료는 건강한 발전을 가져올 수 있는 합작의료형식이다. 그러나 관리가 허술하고 제도를 엄격히 집행하지 않으면 농민의 불만을 쉽게 살 수 있어 합작의료는 견지할 수 없게 된다.

(3) 촌을 단위로 한 합작의료

촌을 단위로 하는 합작의료는 전통적인 합작의료방식이다. 1개 촌 내에서 농민이 출자하고 촌 위생실을 중심으로 의료보장을 실시한다. 이 방식은 경제가 발달하지 못한 일부 지역에서 실시한 것으로 농민이 적은 돈을 내고 향촌의사의 보수를 해결하고 의사의 진료는 받지만 약값은 보상하지 않는 합작의료를 실행하였다. 호북성 장양현 438개의 촌에서 모두 촌을 단위로 하는 합작의료를 실시하였고 소수 집체경제가 비교적 발달한 촌에서는 일부분의 약을 보상받는 의사와 약을 합치는 합작의료를 실시한 외 대다수 촌에서는 집체와 개인이 공동으로 2 위안을 부담하는 방법으로 향촌 의사의 보수를 책임진. 향촌 의사는 계획면역을 진행, 부녀보건은 무료로 하며 촌민은 진료시에 문진지, 주사비 등 비용을 면제받고 약값은 보상받지 않는다.

이런 합작의료형식은 자금모금수준이 낮고 광범위하며 농민이 부담할 수 있고 농촌의 예방보건사업을 수행할 수 있어 농민을 위해 가장 기본적인 의료서비스를 제공하였다. 그러나 이런 합작의료의 형식은 큰 병이나 중병을 해결할 수 없어 농민에게 경제적인 문제를 가져오고 질병을 대처하는 능력이 결핍하며 중산층 이상의 부유농민은 쉽게 받아들이지 않으며 이미 이런 합작의료형식을 실행한 지구는 큰 병은 입원하면 보험하는 발전추세를 보였다.

(4) 보험회사와 향진 위생원이 연합한 농민건강보험

중국 인민보험집단인 시 보험회사는 전국의 많은 지방과 향진 위생원을 연합하여 농민의 고액 건강보험을 실행하여 일부 지방 농민은 입원치료 받으면 보험회사에서 일정한 비율로 환불을 받는다. 즉 농민이 자원의 원칙으로 보험에 참여하고 농민이 큰 병으로 입원치료와 수술을 받을 때 보험공사는 일정한 비례에 근거하여 의료비를 보상한다. 향진 위생원을 중심으로 고액 건강보험사업을 진행하며 보험회사의 직원은 병원에 상주하여 의료비의 사용에 대한 검토를 한다. 농민은 건강보험에 참여하면 질병에 걸렸을 때 즉시 입원치료을 할 수 있어 경제난 때문에 치료를 중단하는 일이 없어 농민의 환영을 받았다. 호북성의 노하구시, 홍호시, 경주시 등에서 이러한 보험제도를 실시하여 전통적인 합작의료의 "작은 것은 보상하고 큰 것은 보상하지 않은" 상황을 바꾸었으며 농민이 큰 질병을 대처하는 능력이 향상되어 농민의 건강을 보호하는 역할을 수행하였으며, 농업노동생산력을 보호하는 역할을 하였다.

호북성 노하구시 장집진에서는 시 보험회사와 진 위생원이 합작하여 1993년부터 "농민집체보험 부가입원보험"과 "간이인신보험 부가입원의료보험"

두 개의 보험을 개설하였다. 보험회사는 보험금의 납부와 관리, 입원의료비의 보상을 책임진다. 위생원은 입원치료, 관리, 입퇴원 수속의 처리, 보상명세서와 차트, 병의 상황 증명을 책임지고 보험에 가입한 사람은 입원증명에 근거하여 보험회사에 가면 입원의료비의 70%를 보상받는다. 농민은 자발적으로 참여하고 촌을 단위로 보험에 가입하며 매인당 의료보험액은 10원이며 보험기간은 1년이며 기간 만료 후 재결할 수 있다. 1994년 진에서 의료보험에 가입한 사람은 29,500명이었으며 보험에 가입할 수 있는 사람의 88%이었다. 건강보험을 실행한 후 농민이 질병시에 제때에 입원 치료하여 농민이 질병으로 가난해지는 상황을 크게 개선하였다.

농민의 고액 건강보험은 상호부조의 성격이 있으며 함께 질병의 위험에 대처하는 기능을 수행하나 본질적으로 보험회사는 경제적 이익을 우선적으로 고려해야 한다. 고액 건강보험의 운영과정에서 보험회사는 한편으로는 엄격한 관리로 의료비용을 낮추고 의료자원의 낭비를 방지하며, 다른 한편으로는 보험에 가입한 사람의 연령, 보험의 병종에는 비교적 많은 제한이 있다. 예를 들면, 60세 이상의 노인에 대해서는 보험회사는 보험가입을 허가하지 않으며 중증의 사람에 대해서도 보험가입에 되지 않는다. 그러나 이러한 범위의 사람들이 의료적인 보장이 더 필요한 사람들이다. 합작의료와 비교해 볼 때 보험의료가 질병의 위험에 대처하는 능력이 더 낮다.

합작의료체계의 재건의 실천이 증명하는 바와 같이 사회주의시장경제체계를 건립하는 과정에서 농촌에서 합작의료를 발전하는 것은 농민들로 하여금 적은 부담의 조건 하에서 필요한 건강보장을 얻게 하는 방법이다. 합작의료는 실질적으로 농민들로 하여금 완전한 자비부담의 의료적 위험에서 벗어나게 하였다. 이는 합리적으로 농민의 건강투자를 인도하여 기본적인 의료보장서비스를 얻게 했을 뿐만 아니라 질병에 대처하는 능력도 증가하여 농민이 질병으로 가난해지는 현상을 완화하였다. 예를 들면, 강소성 단양시에서 진행한 한 조사에서 합작의료에 참여한 농민은 전년 일인당 의료비는 16.37원이며 합작의료에 비가입한 사람의 일인당 의료비는 71.45원이었다. 합작의료를 운영하려면 마땅히 자원의 원칙과 함께 이익의 원칙을 견지해야 하며, 광범하고 심도있는 선전교육을 통하여 농민의 보건의식과 상부상조 의식을 제고하며 농민들로 하여금 자발적으로 건강에 대한 투자를 하도록 인도하는 것이 필요하다.

농촌의료보장을 잘 운영하여 농민의 건강을 보호하고 증진하는 것은 각급 정부의 책임이며, 합작의료, 농촌 3급 의료예방 보건망, 향촌의사는 농촌의료보장제도의 3대 지주이다. 각 지역에서는 농민의 건강을 보장하는 효율적인 방법을 만들어내고 있으며, 이는 사회주의시장경제체계를 건립하는 과정에서 중국실정에 맞는 농촌의료보장의 길을 모색하는 과정이라고 할 수 있다.

위와 같은 중국의 의료보장체제는 상당한 기간의 개혁과정을 거쳤는데 3단계로 나눌 수 있다. 즉 1980년대 초부터 진행된 기업내부의료비 개혁, 1980년대 말부터 진행된 큰 병에 대한 통합관리, 1990년대 초부터 진행된 의료보험개혁 시범사업의 과정이다. 의료보장개혁은 비록 일정한 성과를 거두었지만 과거의 의료보장제도를 근본적으로 변화시키지는 못했다. 양로보험 등의 개혁에 비교하여 보면, 의료보험의 개혁은 지체되어 시장경제에의 적응이 어려움이 나타나고 있다.

1950년대 도시지역에서는 노동보험 의료와 공비 의료체제를 실시하였다. 직원들은 국가에서 경영하는 병원에서 진료하여 비용은 직장장부에 기록하여 병원과 직장 사이에서 결산하였다. 개혁과정 중에는 환자가 병원에 직접 의료비를 지불하고 후에 직장에 가서 결산을 하여 환자가 일부 부담하는 방법을 취하였다. 이러한 체제는 사회보험을 3자가 결산하는 체제이다. 그러나 보험기구는 존재하지 않고 직장에서 자체 실행하는 것이다. 중국의 의료체제는 국가에서 직접 의료서비스를 제공한다. 국가가 직접 병원을 경영하고 의료서비스의 가격도 원가보다 낮아 제3자의 부담을 덜어주었다. 그 중의 차액은 재정보상을 통하여 지원된다. 또 다른 특수한 기구는 병원에서 직접 경영하는 약방으로 약품의 소도매 차액에 대한 보상을 실시한다.

중국의 의료보장체제는 두 측면에서 문제를 갖고 있다. 첫째, 기업의 지불은 과거 계획경제의 산물로서 경제개혁 이후 기업은 독립적인 경제실체로 되어 경기가 좋지 않은 기업은 직원들의 의료비용을 부담하기 어렵게 되었다. 둘째, 의료비용의 통제기구가 결핍되어 있다. 환자들의 과도한 의료이용은 매우 큰 낭비를 초래한다. 그 결과 전국 의료보건비용 총지출이 1980년 60억 위안에서 1990년의 283.4억 위안으로 4.5배 증가되었으며, 평균 매년 17%씩 증가함으로서 경제성장 속도를 훨씬 초과하였다.

의료개혁은 1993년 진강시와 구강시 두 도시에서 시작된 의료개혁 시범사업의 내용을 보면 다음과 같다. 첫째, 기업은 종업원의 임금과 퇴직인원의 퇴직금 총액의 10%를 납부하며, 종업원은 개혁의 발단시기에 임금의 1%를 납부한다. 둘째, 개인의 은행구좌를 내고, 개인의 납부금을 구좌에 기입하며, 기업의 납부금은 연령의 레벨에 따른 분류에 의해 기입하며, 개인 은행구좌는 규정에 부합된 의료비용을 지불하는 데 사용하며, 잔액은 개인소유로 한다. 셋째, 개인의 의료비용은 개인의 은행구좌에서 지불되며, 초과된 부분은 연도에 따라 계산하며, 본인의 연간 임금의 5% 이상을 초과하면 사회 통합의료기금에서 지불하되, 개인은 여전히 일정 비율에 따라 부담한다.

시범사업과정에 의료서비스와 약방이 서로 분리되어 결산하는 방법을 제출하였는데, 최종목표는 약방을 독립시키는 데 있다. 이러한 조치를 실시한 후 성과가 비교적 좋았다. 첫째로 개인 은행구좌에 일부 자금이 적립되었는데, 1996년 시범사업 도시의 약 20%를 초과한 보험가입자가 개인 은행구좌를 활용하지 않아, 통합하여 공동부담 하는 부분의 인구가 절반에 못 미쳤다. 둘째로 의료비용이 상승하는 추세가 초보적으로 억제되었는데, 개혁을 통해 비교적 유효한 개인억제 기제를 건립하고 의료자원의 과도한 수요를 방지하였다.

의료체제의 개혁은 또 아래와 같은 어려운 점이 있다. ① 기본의료를 어떻게 정의할 것인가. 사회보험은 기본보장만 제공함으로 어떤 병 종류, 어떤 약품 및 어떤 검사수단을 포함하는가에 대해 명확히 규정해야 한다. 현재 위생부문에서 국가부담 의료품목과 검사범위가 하나의 시범이다. ② 의료보험 비용의 지불의 최고액수를 정하는 문제. ③ 병원과 약국을 어떻게 분업하는가의 문제.

농촌의료보장개혁의 성과와 과제

농촌의료보장의 개혁의 핵심과제는 집체경제가 중심된 기존의 사회주의형 합작의료제도가 1980년대 이후 가정도급책임제의 도입으로 붕괴된 이후 새로운 농촌의료보장으로서 개인-집체-정부 3자부담의 신형 합작의료제도를 구축하는 것이었다. 이러한 새로운 합작의료제도는 2002년에 이르러 비로소 국무원의 정책 결정으로 국무원 주도로 당-정의 협력 하에 제도화되었으며, 제도도입 전후 지방정부의 협력으로 다양한 형태의 시범사업을 통하여 정책이 실험되었다.

중국의 농촌합작의료는 도시의료보장과 구별되어 낮은 수준의 기본적 의료보장을 보편적으로 농촌주민에게 제공하는 것으로서 중국특색이 드러나는 특유의 방식이다. 신형 합작의료제도는 이러한 기존의 합작의료가 시장경제 기반의 3자부담 형식의 사회보장방식에 적응한 것으로 평가되지만 국가부담이 미약하며 개인의 책임과 집체의 보조가 중심이다. 특히 중국의 농촌의료보장의 방식은 도시의료보장과 분리된 방식을 적용하여 중국적 특성이 반영되어 있다. 농촌의 신형합작의료는 현재 도입 초기단계로서 적용대상의 확대가 진행 중이며 점진적이고 실험적인 방식을 통해 확대되고 있다.

Chapter 6

시장경제의 진통과 실업보험 개혁

개혁이 초래한 실업의 진통
과잉 근로자, 시아장 해고근로자, 실직 근로자
실업보험의 도입과 발전
실업보험 도입의 성과와 과제

6

시장경제의 진통과 실업보험 개혁

개혁이 초래한 실업의 진통

1980년대 이래 중국이 경제개혁을 시행하면서 시장경제의 도입으로 실업문제가 심각한 사회문제로 등장하였다. 도시지역의 등록된 실업자 수는 1978년의 530만 명에서 1985년 238.5만 명, 1990년 383.2만 명, 1995년 519.6만 명, 2000년 595.0만 명, 2005년 839.0만 명, 2010년 908.0만 명, 2015년 966.0만 명으로 증가하고 있다(중국노동통계연감, 2016: 140). 공식적인 실업율은 1978년 당시 5.3%에 달하였으나 경제개혁개방 시기로 10%대의 높은 경제성장율을 보인 1980년대와 1990년대에는 2~3%에 머물러 있었다. 그러나 2000년대 이후에는 약 4%를 약간 상회하는 실업율이 유지되고 있다. 하지만 개혁진행 초기 국영기업은 30%의 과잉고용 상태에 있었으며, 이는 2,000만 명이 잠재실업 상태에 있었다는 의미이다. 이는 사회주의계획경제를 시행하던 1950년대부터 수십년간 누적되어온 문제였다.

실업이라는 용어는 1994년까지는 중국에서 공식적으로 사용되지 않았다. 근로자가 직업을 상실한다는 의미에서 실업은 경제개혁 이전의 시기에는 드문 현상이었다. 중국은 사회주의국가로서 실업의 존재 자체를 인정하지 않았다. 그러나 1978년에 시작된 경제개혁 이후 실업자가 증가하였으며, 실업은 이제 더 이상 간과할 수 없는 경제적 사회적 문제가 되었다.

과거 계획경제 기간 중에는 중국은 '높은 고용과 낮은 임금'정책을 채택하였으며, 국영부문에서는 종신고용제도가 시행되었다. 근로자들은 예외 없이 국가의 계획에 따라 직장이 배정되었으며 고용은 보통 종신제로 시행되었다. 기업은 배정된 근로자들을 거부하거나 해고할 수 없었으며, 고용된 기간 뿐 아니라 퇴직 후에도 적절한 급여를 제공해야 하였다. 이러한 상황에서 노동자들은 직장을 상실할 두려움을 갖지 않았다.

하지만 계획경제가 시행되는 시대에도 완전고용이 성취된 적은 없었다. 근로인구의 일부는 여전히 고용이 되지 않았으며, 그들은 대부분 학교를 갓 졸업한 젊은 청년계층으로서 직장이 배정되지 않은 대기자로 일컬어졌다. 그리고 완전고용은 높은 비용을 수반하는 것으로서 숨겨진 실업 혹은 잠재실업이 국영기업에 편만하게 존재하였다.

실업이 경제개혁에 따른 부산물로 수면에 떠오르자 과거의 숨겨진 실업이나 잠재실업이 표면화되기 시작하였다. 특히 국영기업이 정부로부터 독립적인 경제주체가 되도록 권한을 부여하면서 국영기업에서 직장을 잃는 근로자가 증가하였다. 국영기업은 생산과 경영의 자율성을 갖게 되면서 이윤과 손실에 대한 책임도 지게 되었으며, 이때 비로소 실업이 하나의 사회현상으로 받아들여지게 되었다. 시장에서의 경쟁과 효율을 강화하기 위한 경제개혁이 심화되면서 과잉고용의 문제는 정부와 기업 모두로부터 더 이상 수용될 수 없게 되었다. 국영기업의 개혁은 과잉고용 근로자의 수를 감소시켜 효율성을 증대시키는 과정이다. 1980년대 후반부터 노동시스템의 개혁과 함께 노동력을 재구조화하는 여러 가지 조치들이 시행되었다. 결과적으로 일부 근로자는 기업에 남는 반면, 일부는 시아장(下崗) 해고근로자로 분류되었다. 즉 경제개혁은 중국의 도시근로자에게 이른바 '철밥통'이라는 고용의 안정성을 빼앗아갔던 것이다.

1990년대 중반 이후 경제개혁의 목표는 사회주의시장경제를 수립하는 것이었다. 기업개혁의 목표는 현대적 기업을 수립하는 것에 초점을 두고 있었다. 이러한 목표를 달성하기 위하여 국영기업은 재구조화의 과정을 거치고 있다. 효율성이 떨어지는 기업은 폐쇄하거나 합병, 또는 민영화하는 반면, 성장의 가능성이 높은 기업은 주식회사나 기타 여러 가지 형태의 기업으로 변신하였다. 이러한 재구조화 과정은 결과적으로 해고 근로자의 수를 양산시켰다. 이제 실업은 21세기에 중국에서 심각한 사회문제의 하나가 된 것이다.

과잉 근로자, 시아장 해고근로자, 실직 근로자

중국에서 나타난 실업의 유형은 세 가지 형태로서 과잉 근로자, 시아장 해고 근로자, 실직 근로자(실업자)이다. 경제개혁의 초기에는 실업자란 과잉 근로자를 언급하는 것이었다.

과잉 근로자(surplus employees)는 1980년대 중반경에 나타나기 시작하였다. 이들은 구조조정으로 자리를 떠났지만 보통 기업 내의 다른 자리로 옮김으로써 일자리를 잃지는 않는 자들이다. 따라서 과잉근로자라는 용어는 일시적으로 자리를 떠난 고용상의 지위를 의미한다. 기업은 계속 그들을 부양하고 적당한 일자리를 제공할 의무를 갖고 있었다. 경제개혁으로 기업이 생산과 경영의 자율성을 갖게 되었지만 근로자를 해고하는 것은 기업이나 근로자 모두에게 익숙하지 않은 조치였으며, 기업은 가능한 한 많은 근로자를 유지하도록 요구되었다.

그러나 1990년대 초부터 기업은 점차 이러한 완전고용이란 사회적 의무로부터 벗어나게 되었으며, 과잉근로자를 장기간 유지하지 않아도 되면서 국영기업이 일부 과잉근로자를 해고하는 일이 적법하게 이루어졌다. 물론 기업이 폐쇄, 합병, 도산하는 경우에는 전체 근로자가 직장을 잃기도 하였다.

시아장 해고 근로자(laid-off formal employees)란 용어는 1990년대 중반에 사용되기 시작하였는데, 이것은 일자리를 잃었지만 기업과의 고용관계를 여전히 유지하는 자를 의미한다. 시아장 해고 근로자는 중국에서만 발견되는 특이한 현상으로 중국적 특색을 가지고 있다. 이러한 특이한 관계 속에서 기업은 해고근로자를 계속적으로 부양하며, 보통 3년 정도의 기간 동안 기업이 설치한 재취업서비스센터에서 필요한 지원을 제공한다. 만약 해고된 근로자가 이 기간 중에 일자리를 얻지 못하면 실업자(unemployed)가 되며, 최장 24개월 동안 실업급여를 받게 된다. 해고 근로자와 실업자의 차이는 다음과 같다. 전자는 계획경제로부터 시장경제로의 전환에 따라 직장을 잃은 자인 반면, 후자는 시장경제 내에서 직장을 찾을 수 있는 능력이 부족한 자이다. 이러한 방식으로 분류할 때, 해고 근로자에게는 그들의 실직에 대한 책임을 묻지 않게 된다.

재취업서비스센터는 제2차 사회안전망으로 기능하며, 해고근로자가 시장경제에로 연착륙하는 장치로서의 역할을 수행하기 위하여 설치되었다. 근로자들은 처음에는 해고근로자로서 일자리를 잃게 되며 이후에는 실업자가 되는 것이다.

2015년 현재 도시등록 취업인구는 7억 7451만 명이며 도시등록 실업자 수는 966만 명에 달한다. 공식적인 실업율은 2015년 현재 4.05%이지만 시아강 근로자와 잠재실업자를 포함하면 실제는 이 수치보다 상당히 높을 것으로 추정된다.

<표 9> 도시등록 실업자 수와 실업율의 추이

구분	1978	1980	1990	2000	2010	2015
실업자 수(만 명)	530	542	383	595	908	966
실업율(%)	5.3	4.9	2.6	3.1	4.1	4.05

자료: 중국노동통계연감, 2016, p.140.

실업보험의 도입과 발전

중국의 현재 실업보험의 적용은 매우 적은 편이다. 장기실업을 자본주의의 특유한 현상으로 보아옴으로써 이론과 정책상에서 실업이라는 것을 인정하지 않았다. 1951년 〈중화인민공화국노동보험조례〉의 보험제도 중에도 실업보험이 없었으며, 국가는 높은 취업률 유지 정책으로 근로자의 생활을 보장하였다.

(1) 개혁기 실업보험의 도입

1980년대의 경제개혁으로 인해 일정한 시장요소가 나타났으나, 노동력시장에 부합되는 실업보험을 건립하자고 하는 건의를 제출하지 않았고, 국유기업 개혁의 수요를 위해 문제가 제기되었다. 국무원은 1986년 7월에 〈국영기업의 노동합동제의 임시집행의 규정〉, 〈국영기업의 공인 초빙 임시집행의 규정〉과 〈국영기업직원의 사퇴, 위반규율의 임시집행의 규정〉에 이어 〈기업파산법〉이 제정되어 기업은 고용자주권이 있고, 근로자는 업종선택권을 갖게 되었다. 이 개혁에 배합하여 국무원에서는 그해 7월에 〈국유기업 직원 대업(待業) 보업의 임시집행규정〉을 정하였는데, 이는 중국의 실업보험제도의 건립을 의미하였다.

이상 1986년의 국무원 규정들을 정리하면 다음의 네 가지 내용을 담는데, 첫째, 계약노동제의 수립이며, 둘째, 정부에 의한 근로자의 기업 배치의 폐지와 공개경쟁을 통한 노동력의 충원이며, 셋째, 기업에 근로자를 해고할 수 있는 자율성을 부여하였으며, 넷째, 국영기업에 실업보험을 도입한 것이었다.

특히 1986년 제6기 인민대표대회 상무위원회 제18차 회의에서 통과된 〈중화인민공화국 기업파산법〉의 제4조에 의하면, 새로운 역사적 조건 하에서 국가는 노동자의 실업후 재취업과 재취업전 기본생활의 책임을 필수적으로 부담하여야 하며, 실업보장의 건립은 국가경제발전의 절박한 요구이라고 규정하였다.

이 법이 도입된 초기 몇 년간 실업보험의 적용범위는 매우 제한적이었다. 법의 규정에 의하면, 실업급여의 수급자는 국영기업의 실업자로서 다음의 네 가지 범주에 들어가야 자격이 발생하였다. 첫째, 파산된 기업의 근로자, 둘째, 지급불능 기업에서 구조조정된 근로자, 셋째, 노동계약의 종료로 직장을 잃은 근로자, 넷째, 해고된 근로자. 참여하는 기업들은 표준임금총액의 1%를 기여금으로 납부하게 되었다. 근로자를 위한 급여는 구제금, 의료비용, 사망보조금, 장례비용, 유족보상금으로 구성되었다. 축적된 기금은 파산한 기업의 퇴직자를 위한 연금, 훈련비용, 소규모 비즈니스를 위한 재정지원금으로 사용될 수 있었다. 급여의 기간과 수준은 재직기간과 표준급여에 따라 계산되었다. 실업자를 위한 최대 급여기간은 5년 이상 재직한 경우에는 24개월, 5년 미만 재직한 경우에는 12개월로 제한하였다. 실업급여는 최초 12개월 동안에는 표준임금의 60-75%, 나머지 12개월 동안에는 표준임금의 50%를 받을 수 있었다. 또한 법의 규정은 실업보험의 기금이 고갈되는 경우에는 정부가 급여를 제공할 최종 책임을 지는 것으로 규정하였다.

1986년에 도입된 실업보험의 주요 목적은 국영기업의 개혁을 촉진하는 것이었다. 그러나 국영기업에 주어진 제한된 자율성 때문에 시아장 근로자를 대량으로 퇴직시키는 일은 거의 없었으며, 실업기금의 많은 부분이 축적되었다. 1990년대초에 국영기업의 개혁이 가속화되기 시작하면서 해직되는 근로자의 수가 증가하였다. 이에 따라 증가하는 실업자를 부양하기 위한 실업보험 프로그램의 확대가 요구되었다.

(2) 국영기업 실업보험 규정

1993년에 국무원은 〈국영기업 근로자를 위한 실업보험 규정〉을 제정하였다. 이 규정은 이전의 실업보험 프로그램에 몇 가지 변화를 초래하였다. 첫째, 적용범위가 네 가지 유형의 근로자에서 7 가지 유형으로 확대되었다. 이에 따라 임시근로자나 자발적으로 직장을 떠나는 근로자를 제외하면 여러 가지 원인으로 직장을 잃은 대부분의 국영기업 근로자들이 적용대상에 포함되었다. 둘째, 급여수준은 이전에는 표준임금의 60-75% 수준이었으나 지방정부 내무부 관할의 사회구제금의 120-150% 수준으로 변경되었다. 그러나 급여의 수급기간은 이전과 같이 유지되었다. 셋째, 기업이 내는 기여금의 기준이 이전에는 표준임금총액이었으나 임금총액으로 변경되었으며, 기여금의 비율은 임금총액의 0.6-1%로 조정되었다. 지방정부는 기업의 기여금비율을 결정할 권한을 갖게 되었다. 넷째, 실업보험에 참가하는 기업 풀(pooling)의 단위는 성 단위에서 시나 현 단위로 조정되었다. 이것은 1986년 이후 시도된 성 단위로 통일된 실업보험의 시행에서 난관이 있었기 때문이다. 다섯째, 1993년의 규정은 지방정부가 실업자의 훈련프로그램과 재정원조를 위하여 기금의 일정비율을 사용할 수 있도록 허용하였다는 점에서 재취업서비스에 대하여 보다 많은 강조점을 두고 있다. 여섯째, 이 규정은 기금의 불법적인 사용을 하는 개인이나 기관에 벌칙조항을 부과하였다.

이와 같이 1993년의 실업보험 규정은 1986년의 규정에 비하여 보다 많은 수의 실업자들이 적절한 급여를 받을 수 있도록 하였다는 점에서 진일보한 것이었다. 1994년에 실업급여 수급자의 수는 194만 명으로 증가하였는데, 이것은 이전의 7년 동안의 총수급자 수를 상회하는 것이었다. 그러나 실업급여 프로그램의 적용범위는 국영부문에 한정되어 있었으며, 도시노동력의 상당 부분이 국영부문에서 비국영 부문으로 이동하는 1990년대 중반 이후에는 적용인구가 감소하였다. 1995년부터 1998년 기간중 적용대상 근로자는 8,238만 명에서 7,928만 명으로 감소하였다. 이에 따라 실업보험이 국영부문에 한정된다면 실업보험 프로그램이 궁극적으로 중단될지 모른다는 위기감이 나타났으며, 실업보험의 재정기반을 확대하기 위한 변화가 요구되었다.

1990년대 중반까지 실업은 국영부문에서만 존재하는 것으로 인식되었다. 그러나 민간부문이나 기타 부문의 근로자들도 마찬가지로 직장을 상실할 위험에 직면하기는 마찬가지였다. 사회적 형평의 관점에서 볼 때에 실업보험은 모든 형태의 기업 근로자들에게 적용되어야 한다고 주장되었다. 그리고 비자발적으로 직장을 상실한 모든 근로자들에게 실업급여를 제공하지 못하는 것은 사회적 안정에 대한 위협이 되었다.

비국영기업의 근로자들이 실업을 당하면 어떻게 할 것인가? 새로운 경제요소 하에서 취업된 종업원들은 완전히 시장운영에 따라야 하며, 기업은 종업원에 대해 "취업보장"의 책임을 가지며, 실업의 위험은 국영기업의 종업원보다 많다고 할 수 있다. 이러한 기업은 종업원에 대한 책임이 제한되어 있어 사회에서 부담해야 할 책임이 더욱 필요하다. 그러므로 더욱더 실업보험이 필요하며, 과거 국유경제 개혁에서 위치를 찾아야 했던 실업보험에서는 이들 부류가 포함되지 못하였다. 비록 일부 지방에서 외국투자기업과 사영기업이 모두 실업보험에 참여하도록 요구하고 있지만, 보험의 성격이 명확하지 못하고, 임금총액의 0.6%로 납부된 실업기금이 이러한 경제요소로서 종업원들의 실업위험의 요구에 크게 못 미치게 되었다. 그리고 이러한 경제요소의 실업보험료의 비율을 높여 기여금을 보다 많이 납부하게 하면, 비국영기업이 실업보험에 적극적으로 참여하지 않는 중요한 원인이 되었다. 이리하여 실업의 위험이 작은 국영기업 종업원이 실업보험에 가입되고, 위험이 큰 비국유기업

종업원은 오히려 실업보험에서 제외되는 역선택(逆選擇)의 모순된 국면을 가져오게 되었다.

(3) 실업보험의 새로운 발전

1996.3.17 제8기 전국인민대표대회 제4차 회의에 의한 〈중화인민공화국 국민경제와 사회발전 '95'계획과 2010년 장기목표 요강〉에서는 실업의 예고와 공제체계 및 실업보험, 구제, 전화, 재취업을 촉진하는 새로운 기제를 건립할 것을 요구하였다. '95'계획기간 내에 도시 실업률을 4% 내외에서 억제하고, 도시근로자를 대상으로 하는 실업구제와 재취업을 결합한 실업보험제도를 점진적으로 건립한다고 하였다.

> ① 현재 국가와 기업의 부담능력을 고려하여, 실업보험의 대상은 국유기업에서 업무상, 기업의 파산과 파산에 직면하여 실직한 직원에 한정하고 있다. 경제발전에 따라 도시 국영기업, 집체기업, 사영기업과 외상투자기업으로 확대발전시키는 것으로 하고 있다.
> ② 실업구제금의 지급은 비자발성 실업에 한한다. 취업대기 중 실업구제금의 수급기간은 근무연한 1년 이상 5년 미만의 경우, 최장 12개월 이내이며, 근무연한 5년 이상의 경우, 최장 24개월 이내이다. 급여는 실업보험과 취업서비스를 상호결합하는 것을 원칙으로 한다.
> ③ 실업보험기금의 운영은 부과방식(現收現支)으로 한다. 기업은 직업소득총액의 0.6%를 납부하되, 부족 혹은 초과시 각 성, 자치구, 직할시 정부가 보험료의 가감을 결정할 수 있으나 1.0%를 초과할수없다.
> ④ 보험행정은 국무원 노동부가 전국기업근로자 실업보험 업무를 총괄하며, 현급 이상 지방정부는 실업보험기금위원회를 설립하여 관리와 지도감독을 행한다.

실업보험은 경제체제 개혁의 한 고리로서, 보험적용의 범위가 좁고, 사회화 정도가 낮으며, 실업보험의 대상자는 국무원의 잠정규정에 따른 네 가지 부류에 소속된 사람으로서, 즉 파산선고가 된 기업의 종업원, 파산에 직면한 기업이 법정정리 기간에 해고된 종업원, 기업에서 노동계약을 종료 또는 해지된 종업원, 그리고 기업에서 사직한 종업원이다. 기업파산법을 실시하는데 아직도 일정한 시간이 필요하기 때문에 실제 대상자는 셋째와 넷째에 소속된 부류이다.

국유기업은 개혁과정에 여전히 직원에 대해 책임이 있기 때문에 사회에 내몰린 실업자 수는 매우 제한되었으며, 이로 인하여 비용부담의 비율도 매우 낮았다. 1986년 규정에서는 기업의 전체 종업원 표준임금에 따라 일정비율로 취업대기 보험료를 납부하도록 되어 있었다.

국무원은 1999년1월에 실업보험에 관한 새로운 규정을 발표하였다. 이것은 실업보험의 확대발전의 기초가 되었다. 첫째, 실업보험의 목표는 실업자를 위하여 재취업의 증진과 적절한 생활수준의 보장을 위한 지원체계로 규정되었다.

둘째, 실업보험의 적용대상은 모근 형태의 근로자와 도시의 공식적 노동조직에 적용되었다. 지방정부는 집체기업, 사영기업 등 다른 형태의 도시근로자들에게 적용범위를 확대할 수 있게 되었다. 적용범위의 학대는 기금의 확대와 수급자격을 가진 근로자의 확대를 가져왔다.

셋째, 기여금의 비율은 0.6~1%에서 2%로 상향조정되었다. 그리고 근로자들은 총임금의 1%를 납부하게 되었다. 따라서 실업보험을 위한 총 기여금의 비율은 3%가 되었다. 기업의 기여금 비율 인상과 개인 근로자의 기여금 납부는 새로운 실업보험제도에서 가장 중요한 변화이다. 이것은 대체로 두 가지 요인들을 고려한 것이었다. 한 가지 요인은 실업자의 수가 지속적으로 증가할 것으로 기대되기 때문이며, 두 번째 요인은 실업보험기금의 일부를 해고된 시아장 근로자를 위한 기금으로 활용할 계획이 있었기 때문이다.

넷째, 급여의 기간은 이전에는 근속기간에 따라 두 가지 등급이었으나 이제는 세 가지 등급으로 나누어졌다. 1년 이상의 재직기간은 실업자가 급여를 받기 위한 최소한의 기준이 되었으며, 10년 이상 근속한 경우에는 21개월간 급여를 받을 수 있고, 5년 이상 10년 미만 근속한 경우에는 18개월, 1년 이상 5

년 미만 근속한 경우에는 12개월간 급여를 받을 수 있게 되었다. 실업자는 최초 12개월 동안은 표준임금의 60-75%의 실업급여를 받고, 나머지 12개월 동안은 표준임금의 50%를 받을 수 있게 되었다. 급여의 수준은 지방정부에 의하여 결정되며, 빈곤구제수준과 최저임금수준 사이에서 지역의 상황에 따라 결정되었다. 실업급여를 받는 수급자는 필요한 경우에는 빈곤구제를 신청할 자격이 주어졌다.

다섯째, 실업기금에서 충당되는 급여의 종류와 비용도 변화되었다. 급여 수급기간 중에 실업자는 실업급여, 의료비용, 장례비용과 유가족보상금, 훈련과 직업소개서비스를 위한 보조금, 기타 관련비용 등 5가지 급여가 제공되었다. 이러한 내용은 1993년의 규정과 비교하여 보면, 두 가지 중요한 변화가 있었다. 한 가지는 실업자가 개별 경제활동을 하도록 지원하는 항목이 폐지되었다. 그 이유는 이것이 지방정부에 의하여 남용되거나 비효과적이기 때문이었다. 다른 한 가지는 행정비용이 중앙정부에 의하여 충당되었다는 것이다. 이것은 기금관리기관이 행정비용으로 기금의 일정비율을 공제하는 것을 막기 위한 것이었다.

여섯째, 기업 풀(pool)의 기본단위에 변화가 있었다. 중앙정부의 직할시와 성 관할의 도시에서는 통일된 기업 풀이 요구되었다. 한편, 다른 지방에서는 지방정부가 기업 풀의 범위와 기본단위를 결정할 수 있었다.

새로운 규정의 실행은 적용대상 근로자의 수를 일시적으로 크게 증가시켰다. 적용대상 근로자의 수는 1998년의 7,927.9만 명에서 1년 후인 1999년에는 9,852만 명으로 연간 24.3%가 증가하였다. 그러나 실제로 실업급여의 적용대상 근로자는 전체근로자의 58%에 지나지 않았다. 또한 2000년부터 2005년에 이르기까지 1억 명 수준에서 참가근로자 수가 정체되는 현상을 보였으며, 2006년 이후 점진적으로 증가하여 2015년에는 1억 7,326만 명으로 증가하였다(중국노동통계연감, 2016). 한편, 실업보험 급여의 수혜자 수는 2000년 190만 명에서 2004년도에는 419만 명으로 가파르게 증가하는 추세를 나타내었다. 이후 다소 감소하는 경향을 보였으며, 실업보험 수혜자 수는 2010년 209만 명, 2015년 227만 명으로 나타나고 있다(중국노동통계연감, 2016: 373).

이미 앞에서 언급한 바와 같이 해고된 시아장 근로자에 대한 부양은 중국 사회보장제도에서 특별한 부분이다. 1990년대 중반까지 해고된 근로자는 자신이 일하던 기업으로부터 부양을 받았으며, 지방정부는 은행 대부금, 훈련 프로그램과 구직서비스, 다른 기업에 고용의 권고 등 여러 가지 특혜 정책으로 보충적으로 지원하였다. 1990년대 후반에 해고된 근로자가 급속하게 증가하면서 지방정부는 각급 행정수준과 대규모 기업단위에서 재취업서비스센터를 설립하도록 요구되었다. 이들 재취업서비스센터는 해고된 근로자를 위한 재정지원, 훈련 및 구직서비스를 제공하였다.

이에 따라 1990년대 말에는 기업, 정부, 사회를 포괄하는 3층의 재정체계가 형성되었다. 실제에 있어서는 기업으로부터의 기여금이 기금의 대부분을 차지하였다. 정부의 역할은 다양한 특혜정책과 함께 재취업센터의 운영을 위한 지원을 제공하고 있다. 최근에는 실업보험의 기금의 1/3을 해고된 근로자의 소규모 경제활동을 위한 자금으로 사용하는 조치가 취하여졌다. 그러한 지원에도 불구하고 대부분의 해고된 근로자가 적절한 서비스와 재정지원을 받지 못하였다. 1998년 현재 재취업서비스센터에서 지원을 받는 해고된 노동자는 12.6%에 불과하였다. 1998년 중앙정부 노동사회보장부는 이러한 상황을 개선하기 위하여 회의를 소집하였으며, 그 결과 1998년 말에는 21.9%로 증가하였다.

1998년 6월에는 해고된 근로자의 지원을 강화하기 위하여 중국공산당 중앙위원회와 국무원이 공동으로 문건을 발표하였다. 이 문건은 다음의 세 가지 사항을 규정하였다.

> 첫째, 해고된 근로자가 있는 모든 기업은 재취업서비스센터를 설치할 것을 요구하였다. 이 센터는 해고된 근로자를 위하여 생활수당을 제공하

고, 사회보험 기여금을 납부하며, 훈련과 직장을 구할 수 있도록 도움을 제공할 책임을 갖는다.

둘째, 모든 해고된 근로자는 정부에서 규정한 생활수당을 받도록 하였다. 이를 보장하기 위하여 문건은 3층의 재정체계 방식을 구체적으로 규정하였는바, 기업, 정부, 실업보험기금이 각각 생활수당비용의 1/3을 담당하게 하였다.

셋째, 각 재취업서비스센터는 일 년 내에 해고된 근로자의 절반이 직장을 구하도록 원조하는 것을 목표로 한다.

이상에서 나타난 바와 같이, 실업의 문제를 해결하기 위하여 중국정부는 실업자의 필요를 고려하였을 뿐 아니라 국영기업의 사회적 의무를 지속시켜야 할 필요성과 사회적 안정을 고려하고 있다.

실업보험 도입의 성과와 과제

1994년 이후 2015년 말 현재에 이르기까지 연도별 실업보험의 실시 현황은 다음 〈표 8〉과 같다. 2015년 말 현재 실업보험 참가근로자 수는 1억 7,326만 명이다. 실업보험 수급자 수는 2000년대 초반 440만 명에 달하였으나 2005년 이후 감소하여 현재 200만 명 내외에 머무르고 있다. 2015년도 현재 실업보험금 수급자 수는 227만 명이며, 실업구제금 총액은 269억 8,012만 위안에 이르고 있다.

<표 8> 연도별 실업보험 현황

연도	참가근로자 수 (만 명)	실업보험수급자 수 (만 명)	실업구제금액 (만 위안)
1994	7,968	-	50,755
1995	8,238	-	79,199
1996	8,333	-	133,394
1997	7,961	-	179,319
1998	7,928	-	203,907
1999	9,852	109	318,722
2000	10,408	190	561,984
2001	10,355	312	832,563
2002	10,182	440	1,167,736
2003	10,373	415	1,334,448
2004	10,584	419	1,374,983
2005	10648	362	1,366,801
2006	11187	327	1,253,873
2007	11645	286	1,294,405
2008	12400	261	1,395,349
2009	12715	235	1,457,592
2010	13376	209	1,404,485
2011	14317	197	1,598,544
2012	15225	204	1,812,934
2013	16417	197	2,032,389
2014	17043	207	2,332,794
2015	17326	227	2,698,012

자료: 중국노동통계연감, 2016, p.373.

실업보험은 개혁개방과 시장경제의 도입으로 국영기업을 비롯한 기업의 경쟁력 약화와 파산, 실직으로 가장 긴급한 개혁과제로 국무원과 당-정주도로 개혁초기에 제도가 도입되는 것을 볼 수 있다. 1986년 기업파산법, 1998년 실업보험조례는 주요 입법으로서 실업보험의 정책방향을 규정하였다. 과거 사회주의형 기업보장의 방식에서 개인과 기업이 부담하는 시장경제 기반 사회보장 방식으로 전환되었다. 재정은 사회통합형 실업보험기금에 의하여 충당된다. 실업보험의 적용대상은 1995년 8,237만 명에서 2015년 1억 7,326만 명으로 비교적 점진적으로 확대되고 있으며, 2015년 현재 취업인구의 22.4%가 가입되어 있다. 제도 확산이 다른 사회보장제도에 비하여 이처럼 늦은 이유는 실업보험의 비용부담이 비국영기업의 제도참여를 늦추고 있는 요인이 되고 있는 것으로 보인다.

Chapter 7

새로운 산재보험과 생육보험

7

새로운 산재보험과 생육보험

구체제 노동보험에서 산재보험으로

산재보험은 주요 사회보험제도의 하나이며, 노동자가 산재 혹은 직업병에 의해 일시적으로 영구하게 노동력을 상실한 상황 하에서 사회에서 경제적인 보상과 물질적 원조를 제공하는 사회보장제도이다. 공상보험제도라 칭하여지는 산재보험제도는 1951년 2월에 반포된 〈중화인민공화국노동보험조례〉에 의하여 시행되어 40년 이상의 역사를 갖고 있다. 그러나 경제개혁 이후 계획경제 하의 산재보험은 새로운 도전에 직면하여 시장경제의 요구에 적합하도록 개혁을 요구받고 있다.

산재보험의 대상은 독립노동자를 제외한 모든 노동자, 즉 기업의 근로자, 국가기관, 사업단위, 사회단체의 근로자를 포함한다. 도시 집체기업의 근로자도 위의 노동보험조례의 규정에 준하여 적용된다. 그리고 1994년8월에 발표된 〈외상투자기업 노동관리규정〉에 따라 외상투자기업은 양로, 실업, 의료, 공상 등 사회보험에 참여하도록 되어 있다. 사영기업도 노동부의 유관규정에 따라 산재보험을 시행해야 한다.

시장경제의 발전에 따른 산재보험 개혁의 주요 내용은 산재보험기금의 집중관리이다. 1995년말 전국 25개 성, 시, 자치구의 24만 3,700개 기업이 참가하여 근로자의 수는 2,615만 명에 달하였다. 이중 국유기업 근로자는 2,053만 명(78.53%), 도시집체기업 근로자는 495만 명(18.94%), 기타 기업 근로자는 66.2만 명(2.5%)이다. 1995년 현재 산재보험기금 수입은 8.07억 위안으로 기금납부율은 89.76%이었다.

1996년에는 노동부의 산재보험에 관한 조치에 의하여 모든 근로자에게 확대하는 것을 목표로 정하였다. 그러나 현재 산재보험의 주요 문제로는 다음과 같은 사항이 지적되고 있다. 농업노동자, 개체 자영노동자, 사영기업과 외상기업 노동자의 상당부분이 대상에서 제외되어 있다. 산재보험의 법체계가 불완전하여 대부분의 성이나 자치구가 완비된 법적 근거가 없이 기금제를 실시하고 있고 산재에 관한 노동쟁의 발생시 처리할 규정이 없다. 경제개혁으로 급여구조가 변화하는 가운데 사망이나 재해발생시 보장의 수준이 기본적인 생활을 보장하기 어려울 정도로 낮다(유족급여는 생전급여의 25-50%정도).

산재보험제도의 개혁

1980년대 말 이래 중국은 산재보험제도에 대해 개혁을 진행하여 사회주의시장경제 발전의 수요에 적응하게 되었다. 개혁의 주요 내용은 산재보험기금의 실행에 대해 집중관리하고 조절하는 것이다. 1995년말 전국 25개의 성, 시, 자치주의 24만 3700개 기업이 산재보험에 가입하였고 직원은 2,614만 6,000명에 달하였다. 산재보험에 참여한 국유기업의 직원은 2,053만 명이며 총 직원의 78.53%을 차지하고, 도시집체기업 직원이 495만 명이며 18.94%를 차지하며, 기타 기업직원이 66.2만 명으로 2.5%를 차지하였다. 1995년 직원이 업무 때문에 사망한 자는 2786명, 불구자는 70,522명이고 그중 1-4급은 9,196명이었다.

이후 1996년에 노동부의 기업근로자 산재보험에 관한 실험조치에 의하여 모든 기업의 근로자를 포함하는 것을 목표로 하였다. 그러나 현재 산재보험은 실제에는 도시근로자에게만 적용되고 있다. 재정은 각 경제부문에 따라 다르게 적용되고 있으며, 보험료 갹출비율은 전체급여의 0.3~2%이다. 재정은 보험급여 뿐 아니라 사고예방, 직업재활, 행정비용 등에 사용된다. 각 부분에 대한 재정의 할당은 지방정부의 재량으로 되어 있다.

당시 산재보험이 당면한 주요문제는 다음과 같이 분석되었다.

첫째, 산재보험의 적용범위가 넓지 못하고 상당한 부분의 노동자들이 산재보험의 급여를 받지 못하고 있다. 산재보험의 급여를 받는 곳은 국가기관 공무원, 사업단위의 직원, 국유기업의 직원과 소부분의 집체기업의 직원이다. 외자투자기업 직원, 사영기업 직원, 개체노동자, 농업노동자의 상당한 부분은 기본적으로 산재보험을 할 수 없어 노동의 위험이 증가하고 있다.

둘째, 산재보험의 법적규제가 불완전하고 법규조례도 불충분하여 집행할 때 비교적 이의가 많이 제기되는 등 기본적인 산재입법체계가 불완전하다. 대부분의 성, 자치주에서 실행하는 기금제가 완전한 법률적 근거가 없으며 주로 국가의 정책에 의거한다. 산재의 의해 생긴 노동분쟁을 해결하는 방법이 불충분하다. 예를 들면, 일부 기업은 직원의 산재의료비를 부담하는 것을 원하지 않고 있으며, 산재에 대한 인정도 기업과 근로자 사이에 발생한 분쟁도 처리가 불충분하여 근로자의 권익이 충분하게 보장받지 못하고 있다.

셋째, 산재보험의 보장수준이 비교적 낮다. 현 규정에 의하면, 업무 때문에 사망한 경우는 사망전 본인 표준월급의 일정한 비율에 의해 지불한다. 기업월급이 개혁후 기업월급구조도 비교적 큰 변화가 발생하였다. 표준 월급은 실제월급의 약40%를 차지하며 또한 물가의 증가에 상응하지 않았기에 이런 상황 하에서 산재자의 기본생활보장이 어렵고, 특히 청장년이 노동력을 상실한 기본생활을 보장할 수 없다. 부의금은 사망자의 생전 표준월급의 25-50%로 부여하여 일반적으로 그 기본생활을 보장할 수 없다. 그러나 각 단위는 정황에 근거하여 산재보장 급여를 높이고 있다. 또한 법률의 보장근거가 결핍하며, 부도가 난 기업의 산재보험 비용은 부담하게 할 방법이 없다.

산재보험제도는 중국의 경제발전의 수준에 비하여 뒤떨어져 있어 근로자의 권익을 보장함에 어려움이 있다. 따라서 하나의 통일된 산재보험체계를 건립하여 산재 사고와 직업병 환자와 그가 부양하는 가족에게 의료적 보호, 생활보장과 경제적 보상을 제공하고 산재보험과 산재예방, 직업재활과 유기적으로 결합함으로써 근로자의 권익을 보장하고 노동생산의 안전을 보장할 필요가 있다.

산재보험의 기본원칙

노동자의 산재는 공업화의 발전에 따라 발생하게 되었으며 산재는 노동과정 중에서 돌발적으로 발생한 상해사고와 지속적인 직업병, 특히 공업화의 고도기에 모든 생산영역과 공무활동 중 보편적으로 산재사고와 직업병의 위험이 발생한다. 특히 채광, 건축, 기계제조, 교통운수업에서 더욱 심하다. 산재보험은 노동자의 위험을 감소하거나 경감하여 노동자의 권익을 보호한다. 중국은 1950년대 초반에 "노동보험조례"에 근거하여 공업화 발전에 따라 발생한 산재위험에 대비하여 제도를 마련하였다. 산재보험의 기본원칙은 아래와 같은 내용을 포함헌디.

(1) 무책임보상의 원칙, 또는 무과실보상의 원칙

이 원칙은 돌발사고가 발생한 후 사고의 직접 책임을 물론하고 산재의 조건에 부합하면 법률에 근거하여 필요한 경제적 보상을 부여한다. 산재보험의 손상배상은 기업에서 부담하며 또한 기업의 과실로 인한 주요 조건은 마땅히 국가정책과 노동정책의 기초에 근거하여 산재보험금의 지급은 산재가 발생하기 이전의 수입, 가정부담, 산재정도와 성질 등을 고려한다. 산재보험은 강제보험이며 보험가입자가 받아야 할 보상을 담보하며 기업의 부도나 정지의 영향을 받지 않는다.

무과실보상의 원칙을 강조하며 산재사고발생 후 발생한 일체 결과는 당사자의 책임을 추궁하지 않는 것이 아니며 마땅히 산재사고에 대해 조사, 등록, 통계, 보고와 처리, 사고발생의 원인 분석, 경험 종합, 원래의 안전기술 조치와 공업위생제도에 대해 제정, 재검토하여 사고의 발생을 감소하며 사고의 직접책임자에 대해 처벌을 가하며 기업주들에 대한 사업장의 안전과 위생조치의 관리를 강조하여 산재의 발생을 줄이고 근로자의 안전을 보장한다.

(2) 산재와 비산재의 경계를 구별하고 보험대우의 구별을 실행하고 산재 우선의 원칙

직무를 수행하는 과정 중 손해를 본 산재는 노동자가 생산과정 중 국가나 기업을 위해 희생하였기에 사회보험의 대우 중 산재보험의 수준이 가장 높고 국가, 기업을 위해 부상을 입고 장애가 된 것은 하나의 특수한 공헌으로 본다. 비산재와 비공무 집행에 의한 부상은 국가와 집체를 위해 한 것이 아니며 보상대우도 산재보다 낮으며 질병보험의 대우와 동등하고 복리와 구제의 성질에 속한다. 따라서 산재와 비산재의 경계를 잘 구별하여야 산재우선의 원칙을 관철하고 집행할 수 있다.

(3) 산재보험의 금액은 마땅히 산재자가 조성한 직접적인 경제손실을 제일 큰 부분으로 삼는다.

직접적 경제손실은 노동자가 보험규정에 규정한 부상에 의해 발생한 것과 직업상 월수입기준의 손실 그리고 부상 후 발생한 일체의 지출이다. 이것은 노동자 본인과 가족이 기본생활의 수요를 유지하는 것이며 직접적으로 노동생산력의 재생산에 영향을 끼친다. 간접 경제소실은 노동자의 직접수입 이외의 기타 경제수입의 손실이다. 이런 경제수입은 항상 있는 수입은 아니어서 정확하게 결산할 수 없으며, 또한 노동자가 노동력의 재생산을 유지하는 기본비용도 아니다. 이 부분의 수입은 산재보험의 보상범위 내에 포함하지 않는다.

산재보험의 부여기간은 단기와 장기로 나눌 수 있다 단기에는 부상후의 휴식기간, 무료의료비 외의 지불한 현금은 월수입의 손실을 기준으로 본인과 그의 가족이 유지하게 하는 것이다. 만약 산재가 치료종결 후 발생하여 사망하면 사망으로 부여한다. 보상하는 기준은 직업능력을 상실하는 정도, 장애등급에 따라 연보상 혹은 일시불로 보상한다.

(4) 산재보험과 예방, 재활의 재결합의 원칙

산재보험은 산재보상을 중요시 할 뿐만 아니라 사고예방과 사후에 대한 노동자의 의료와 직업재활에 강조하여 노동자들로 하여금 다시 직업에 복귀하게 한다. 이는 사회보험 입법정신에 부합된다. 이것은 사고의 예방에 유리하며 사고의 처리에도 유리하여 안전생산을 촉진하고 사회안정을 도모한다.

산재보험의 내용

중국의 산재보험은 40여년의 실천을 거쳐 이미 비교적 상세한 보상기준과 비교적 완비한 산재인정기준체계를 갖고 있다. 사회주의시장경제체계의 건립과정 중 소유제도의 개혁으로 원래 계획경제의 산재보험제도는 도전에 직면하게 되었고 산재보험체계 중 합리적인 내용을 보수하여 점차적으로 시장 경제의 새로운 산재보험체계를 수립하는 것이 노동정책의 중요한 과제가 되었다. 산재보험의 주요 내용은 다음과 같다.

(1) 산재보험의 대상

산재보험은 일반적으로 임금을 받는 월수입노동자에 해당하며 독립노동자에 대해서는 해당하지 않는다. 노동법규정에 의해 노동관계를 수립한 기업단위는 모두 산재보험을 마땅히 실행해야 한다. "중화인민공화국노동보험조례"를 실행한 기업직원과 국가기간, 기업단위, 사회단체의 사업인원들은 모두 산재보험 급여를 받을 수 있다. 도시 집체기업은 이 조례에 근거하여 직원들도 산재보험에 가입할 수 있다. 1994년 8월11일 노동부에 발표한 "외국투자기업노동자관리규정"에 근거하여 외국투자기업은 마땅히 국가에 규정한 것에 따라 양로, 실업, 의료, 산재, 생육 등 사회보험에 참여할 수 있으며, 지방인민정부의 규정의 기준에 따라 사회보험기구에 대해 적시에 충분하게 사회보험을 납부하여야 한다. 노동부의 유관규정에 의해 사영기업도 산재보험의 유관조례의 집행을 따르며 직원에 대해 일정한 보험을 제공한다.

(2) 직원이 산재대우를 받는 범위

직원은 아래의 상황에서 발생한 문제에서 신뢰할 수 있는 증명 하에 산재급여를 받을 수 있다.

> ① 본 직위에서의 사무나 기업행정에서 임시적으로 파견한 사무를 했을 때 생긴 상해와 사망.
> ② 긴급 상황(예를 들면 구급, 구재, 구인 등) 하에서 기업 혹은 사회에 유익한 사무를 처리할 때에 발생한 질병, 상해, 사망.
> ③ 기업과 연관된 연구, 발명, 창조 혹은 기술개조의 사무로 발생한 부상, 불구 혹은 사망.

④ 기업과 작업구역 내에서 일할 때 본인이 저항할 수 없는 돌발작인 상황을 당했을 때 발생한 부상, 불구 혹은 사망. 생산 혹은 업무중 사무처리 상황이 성질에 의해 발생한 직업성 질병(중화인민공화국 위생부에 반포한 직업병의 명목에 규정한 것), 또한 이것을 조성한 질병 혹은 사망.
⑤ 집체로 차로 운행하여 임무를 집행할 때 그 차에 발생한 비본인의 책임으로 발생한 돌발사고로 발생성한 직원의 부상, 불구 혹은 사망.
⑥ 기업에서 임시 작업소로 집체숙소로 했을 때 건물의 무너짐으로 발생한 직원의 부상, 불구 혹은 사망.

(3) 직원이 산재에 근거하여 보험보상의 범위

직원이 아래와 같은 상황에서 사망이 발생할 때 산재에 근거하여 보험보상을 받을 수 있다.

① 출장을 가거나 혹은 직장을 옮기는 도중 본인이 예상하지 못한 돌발상황이 발생할 때 발생한 부상, 질병 혹은 사망 또한 출장기간에 임무를 수행할 때 발생한 사망.
② 작업도중 부상을 입었으나 당시에 알지 못하고 사후 동통 때문에 일을 하지 못하는 자.
③ 일 때문에 부상을 입고 병치료 종료 후 어느 직장으로 옮기는 기간에 원 상해가 재발하거나 원 상해 때문에 불구 혹은 사망을 초래할 때.
④ 급한 상황 때문에 일을 야밤까지 하여 집에 돌아가 쉬지도 못하며 임시 작업장소에서 졸다가 예상 밖의 사고로 부상을 입거나 사망을 초래할 때, 본인이 주요 책임이 아닐 때.
⑤ 작업도중 원칙을 견지하고 각종 착오현상에 대해 투쟁하다가 불량배들에게 부상, 불구 혹은 사망을 당한 자.
⑥ 엄중한 의료책임사고로 질병이 악화되거나 혹은 불구, 사망을 초래하며 의무노동검정위원회의 검정 하에 사실이라고 인정한 자.
⑦ 본 단위 집체식당에서 음식을 먹다가 식중독 때문에 발생한 질병 혹은 사망이 본인의 주요 책임이 아닐 때.
⑧ 직원이 본 기업에서 조직한 각 처 체육활동에 참여하거나 혹은 정식으로 기업을 대표하여 상급기관에 개최한 각종 체육활동에서 부상, 질명 혹은 사망을 당한 자.
⑨ 기업영도가 직원을 파견하거나 조직하여 각종 전람회, 정치성 활동에

참여하여 발생한 부상 혹은 사망이 본인의 주요 책임이 아닐 때.

(4) 직업병의 범위

위생부, 노동인사부, 재정부, 중화전국총공회가 1987년에 연합적으로 반포한 개정된 〈직업병 범위와 직업병처리방법의 규정〉에서 직업병은 노동자가 생산노동 또는 기타 직업활동 중에서 직업성 유해요인 때문에 발생한 질병이라고 인정한다.

국가에서 인정한 직업병은 아래와 같은 아홉 가지이다. 1) 직업중독, 2) 진폐류 직업병, 3) 물리요인 직업병, 4) 직업성 전염병, 5) 직업성피부병, 6) 직업성 눈병, 7) 직업성 인후병, 8) 직업성 종양, 9) 기타 직업병.

(5) 직업병환자 처리방법

직업병이라고 확진한 직원은 직업병 진단기구에서 "직업병진단증명서"를 발급하며 국가에 규정한 산재보험 급여를 받거나 직업병대우를 향유한다. 직업병 환자의 대우는 본 단위 행정, 공회와 노동검정위원회에서 직업병 진단증명과 노동능력상실의 정도에 근거하여 국가에서 현행규정에 의해 확정한다. 경비지출은 현행규정에 의해 처리한다.

직원이 직업병이라고 확진한 후 본 단위는 직업병진단기구의 의견에 근거하여 병을 치료하거나 휴식을 취하게 한다. 병을 치료하거나 휴식을 취한 후 원 단위의 유해작업 혹은 일을 못할 때 확진한 날부터 2달 이내에 본 단위로 직장을 옮겨 다른 직업을 알선한다.

유해작업에 종사한 직원은 규정에 의한 직업성건강검진에 점한 생산, 작업시간은 마땅히 작업시간으로 처리해야 한다. 만약 직업병방시기구에서 입원을 하여 구체적인 검사를 요구하면 나중에 직업병을 확진하지 않아도 이기간은 직업병의 대우를 받는다.

유해작업에 종사하는 직원은 본 단위에서 건강 다큐멘터리를 작성하여야 한다. 직업장소를 변동할 때 사전에 당지 직업병방치기구에서의 건강검사를 거친 후 그 검사결과를 건강다큐멘터리에 기록한다. 직업병에 걸린 직원이 단위를 옮길 때 직업병 대우는 원 단위 혹은 두 단위에서 협상하여 처리한다. 쌍방 단위의 협상이 이루어져야 전이 수속을 밟으며 건강다큐멘터리를 새로운 단위로 옮기고 직원이 새로운 단위로 옮긴 후 새로운 직업병이 현재 종사하고 있는 직업을 물론하고 직업병의 대우는 현단위에서 부담한다.

노동합동제 직원은 임시노동을 해제한 후 또는 노동계약을 해제한 후 직업에 종사할 때에 발생한 직업병이 먼저 계약한 노동기간의 작업과 연관이 있으면 직업병의 대우는 종결 혹은 해제한 계약단위에서 책임진다. 만약 원 단위가 다른 단위와 합쳐졌다면 합쳐진 단위에서 책임지며, 원 단위가 부도가 났으면 원 단위의 상급 주관기관에서 책임진다.

각급 공회조직은 직업병을 소지하고 있는 직원이 대우에 관한 처리 상황을 감독할 권리가 있으며 국가규정에 근거하지 않아 직원의 합법적인 권익을 손상시킨 단위는 마땅히 나서서 조절하여야 하며 직원으로 하여금 법원까지 소송하게 한다.

(6) 국가기관 공무원이 업무 때문에 부상한 보장문제

국가기관 공무원이 업무중 혹은 출장 중 업무 때문에 부상을 당한 경우, 상해정도는 국무원 1980년 6월에 반포한 "혁명열사표양조건"에 근거하여 집행하며, 작업손해는 전쟁에 인한 것과 작업에 인한 것으로 나뉜다. 손해정도는 민정부 1989년 우자 제18호 "혁명군인평정손해등급의 조건"에 근거하여 집행하며 손해등급은 4등 6급으로 나뉘어 민정부에서 집행한다.

산재보험 개혁의 성과와 과제

산재보험의 가입자는 2003년 〈산재보험조례〉 제정 이후 급속하게 증가하였는데, 2003년 4,574.8만 명에서 2004년에는 6,845.2만 명으로 한해에 49.6% 증가하였다. 이후 가파르게 증가하고 있는 산재보험 가입자는 2015년 현재 2억 1432.5만 명이며, 수혜자는 201.9만 명이다. 2015년말 현재 산재보험기금수입은 754.2억 위안, 지출은 598.7억 위안으로 축적된 재정기금은 1,285.3억 위안에 달한다(중국통계연감, 2016: 806).

<표 10> 연도별 산재보험 현황

연도	산재보험 가입자 수 (만 명)	산재보험 수혜자 수 (만 명)
1995	2,614.8	7.1
2000	4,350.3	18.8
2005	8,478.0	65.1
2010	16,160.7	147.5
2015	21,432.5	201.9

자료: 중국통계연감, 2016, p.807

산재보험 개혁의 핵심과제는 사회통합기금을 설치하여 기업단위로 보장되는 과거의 방식에서 시장경제에 기반한 사회보험의 방식으로 전환하는 것이었다. 1998년말까지 전국 현시의 79%의 지역에서 산재보험 사회통합기금이 설치되있다. 산재보험 개혁은 국무원 주도의 정책추진과 당-정의 협력으로 1994년 노동법과 2003년 산재보험조례에 의하여 완성되어 비교적 전국 차원의 입법이 빠르게 완성되었다. 하지만 산재보험의 개혁은 단기간에 급속하게 이루어지지 않았으며, 점진적인 확대가 산재보험에도 나타나고 있다. 산재보험은 최근까지 국영기업 위주로 가입되어 있고 2000년 이전에는 가입의 강제성이 약하여 기타 기업의 가입비율이 낮은 편이어서 2015년 현재 전체취업자의 27.7%가 가입되어 있다.

구체제 노동보호조례에서 생육보험으로

중국의 생육보험은 여성 근로자가 출산기간에 일시적으로 노동력을 상실하고 수입이 중단되었을 때, 국가 혹은 기업으로부터 부여한 경제적 보상제도이며, 생육보험금의 지급으로 출산여성이 출산과 모유기간에 수입이 보장되고 출산 때문에 생활난을 겪지 않게 하는 것을 목적으로 한다. 여성의 출산은 단순한 사적인 일이 아니며 여성이 출산 때문에 일시적으로 노동을 상실하여 수입을 잃으면 국가와 사회의 보상을 받아야 한다. 또한 생육보험은 여성의 건강을 보장하고 그들로 하여금 출산 때문에 소모한 체력이 회복되고 영아가 건강하게 자라게 함으로써 인구의 질을 증가하는 목적에 기여하고 인류사회의 발전을 촉진한다.

중국의 "중화인민공화국노동법"(1994)의 규정에 의하면, 직원이 출산기간에 사회보험 급여를 받을 수 있다. 건국초기에 "노동보호조례"의 규정에 의하여, 직원이 출산시 사회보장 급여를 받으며 여직원과 여직원 출산, 산전산후모도 90일의 산가를 주며 휴가기간에 월급은 정상적으로 지급한다. 1994년 12월 10일 노동부에서 반포한 "기업직원생육보험시험방법"에 근거하여 직원의 생육보험제도은 한층 사회화된 제도로 발전하게 되었다.

1994년의 규정에 의하면, 생육보험은 도시근로자에게 적용되며, 고용주는 총급여의 0.6-0.8%를 납부한다. 2001년에는 27개 성의 1,368개 도시 또는 지역에 적용되었으며(Zhu, 2004: 50), 3,455만 명이 참가하였다. 중국통계연감에 의하면, 2015년도 현재 생육보험은 1억 7,771만 명의 근로자가 참가하고 있으며, 기금수입은 501.7억 위안, 기금지출은 411.5억 위안, 기금잔액은 684.4억 위안이다(중국노동통계연감, 2016: 393).

생육보험의 개혁

생육보험은 노동관계를 수립한 기업과 국가기관에서 실행하며 적용 대상은 국가기관의 여직원이다. 출산은 물론 남녀쌍방으로 구성한 가족 내의 일로서 출산이 가져온 경제부담은 부부쌍방이 공동으로 부담한다. 생육보험은 생육보험의 여성 근로자가 출산행위로 조성된 직접적인 경제 손실만 보상한다.

생육보험의 자격는 합법적인 결혼자에게 부여한다. 합법적인 결혼은 합법적인 결혼연령에 부합되고 혼인법에 근거하여 합법적인 수속을 밟았으며 국가출산정책에 부합되고 이를 준수한 자이다. 생육보험은 일종의 사회경제제도이며 혼인법, 계획출산정책 등에 관한 국가 법률과 정책의 구속을 받는다.

생육보험에서 제공하는 보호는 여직원이 출산 후 안심하게 휴식하게 하고 영양을 섭취하게 하며, 생육기의 의료는 특수정황 하에서의 의료적 보호이다. 산가의 휴식은 생육기간의 배치에 근거한 것인데 출산과 산후 두 단계로 나뉘며, 산가기간에 월급은 정상적으로 지급된다. 특수한 정황이 없으면 산가는 앞당기거나 혹은 연기하여 사용할 수 없다. 생육보험의 특수성은 생육보험의 경제보상이 질병보험 급여보다 높게 결정하고 또한 산재보험 급여 보다 낮다.

출산의 분만자는 임신기간의 길고 짧음과 유산을 물론하고 임신출산 현상의 생산기내에 조성한 수입의 중단 혹은 신체건강 상황 이상으로 의료를 받아야 할 때 모두 생육보험에 해당한다.

여직원의 생육보험 급여

"기업직원생육보험시험방법"에 근거하여 아래와 같은 몇 가지 규정이 있다. 여직원 생육은 규정에 의해 90일의 출산휴가를 향유할 수 있으며 산전 15일, 산후 75일이나 산부가 난산 혹은 다태 출산일 때 규정에 의해 휴가기간을 증가할 수 있으며, 한 아이를 더 출산할 때 마다 15일을 증가한다. 휴가기간의 생육보조금은 본 기업의 상반년 직원월급평균에 의해 지급되며 생육보험금으로 지불한다.

여직원생육의 검사비, 출산비, 수술비, 입원비와 약값은 생육보험기금으로 지불한다. 규정한 의료서비스 비용과 약값은 직원본인이 부담한다. 여직원 퇴원 후 출산 때문에 생긴 질병의 의료비는 생육보험기금으로 지불되며, 기타 질병의 의료비는 의료보험 급여의 규정에 의해 처리한다. 여직원 출산 혹은 유산 후 본인 혹은 현재 소유의 기업이 당지 계획생육부문에서 반포한 계획생육증명, 영아출생, 사망 혹은 유산증명을 갖고 해당 사회보험처리기구에 가서 수속을 하여 출산보조금과 출산의료비를 보상받을 수 있다.

생육보험기금의 모금, 지급과 관리

1996년까지 전국에 23개성, 자치주에서 여직원생육보험기금을 건립하였다. 생육보험기금은 사회적 통일적으로 생육기금을 모집하여 여성이 출산현상 때문에 일시적으로 노동력을 상실하여 받은 손실을 물질방면에서 받는 보장의 전용기금이다. 이 항목의 건립은 직원의 합법적인 권익을 수호하고 그들로 하여금 생육기간에 필요한 경제적 보상과 의료보장을 얻게 하여 각 기업 생육보험비용의 부담을 균등화하였으며 여직원이 상대적으로 많은 기업이 부담의 문제를 해결하여 직원생육의 사회적 가치를 체현하였다.

생육보험기금은 "지출에 근거하여 정하고 수입이 기본적으로 평형을 이룬다"는 원칙에 근거하여 통일적으로 기금을 모금하고 기업이 월급의 총액의 일정한 비례에 근거하여 사회보험처리기구에 생육보험비를 납부하고 생육보험기금을 건립하였다. 생육보험비의 비용은 당지 지방정부가 계획내 출산인구와 생육보조금, 생육의료비 등 각 비용으로 결정하며, 또한 비용의 지출에 근거하여 상응하게 조절할 수 있으나 월급총액의 1%를 초과해서는 안 된다. 기업이 생육보험비의 납부는 기업의 관리비에 포함한다. 직원개인은 생육보험비를 납부하지 않는다.

생육보험기금은 노동부문이 소속한 사회보험경영처리기구에서 책임지고 수납하고, 지출과 관리를 행한다. 생육보험기금은 사회보험경영기구가 은행에서 개설한 생육기금전용통장에 입금한다.

사회보험경영기구는 생육보험기금에서 관리비를 사용할 수 있으며 기구의 운영에 필요한 인건비, 업무비와 기타 업무경비로 사용할 수 있다. 관리비 기준은 각지 사회보험경영기구 인원상황에 근거하여 노동부문에 제기하여 재정부문에서 심사를 거친 후 각지 지방정부에 제출하여 비준을 받는다. 관리비의 상한은 생육보험기금의 2%를 초과하지 않아야 한다. 생육보험기금의 모금과 사용은 재무예산제도를 실행하며, 사회보험경영기구가 년도보고를 하며 또한 재정과 심사과의 감독을 받는다.

기업은 생육보험비를 납부한다. 기간 내에 납부하지 않으면 날짜에 근거하여 1%의 지납금을 낸다. 지납금은 생육보험기금에 저축한다. 지납금은 기업의 경영외 지출로 하며 세금을 낼 때 조정을 한다. 기업에서 허무사실로 보고하거나 생육보조금, 생육의료비을 대용해서 받으면 사회보험경영기구에서 전부의 자금을 회수하고 노동행정부문에서 처벌을 부여한다. 기업에서 직원 생육보조금, 생육의료비를 거부하거나 연체할 때 노동행정부문에서 기업으로 하여금 기한 내에 납부할 것을 독촉하며 직원에게 손상을 준 것에 대해서는 기업에서 배상할 책임이 있다.

계획출산 급여와 계획출산 휴가

국가에서는 국가에서 호소하는 계획출산에 호응하는 여직원에게는 우대 대우를 주고 계획출산을 위반하는 여직원에게는 경제제재를 가한다. 우대 대우에는 부부가 국가에서 호소하는 아이 하나를 낳는 정책에 호응하고 "독자녀증"을 갖고 매월 독자녀 보건비를 14세까지 지급받고, 일정한 기간의 출산휴가를 증가하고, 휴가기간에 월급을 정상적으로 발급하며 전근평가, 진급, 월급인상 등이 영향을 받지 않는다. 늦게 결혼하고 늦게 양육한 직원에게는 산가의 장례를 준다. 조건이 되는 단위는 전부 혹은 일부의 위탁비, 학비, 의약비 등을 부담하고 국가에서 계획적으로 공인을 모집하고 학생을 모집할 때 동등 조건 하에서 독자녀에게 우선대우를 준다. 계획출산정책을 위반한 여직원에게 부여한 경제제재로는 계획생육외 합리적으로 향유할 수 있는 의약비, 복리대우를 철수하거나 회수한다. 자녀초과증에 의해 사회양육비를 더 징수한다.

계획출산휴가는 국가에서 계획출산의 여직원에게 부여한 특수한 우대휴가이다. 이것은 늦게 결혼하고 늦게 아이를 낳는 휴가이다. 늦은 결혼은 남자는 25살, 여자는 23세 이후에 혼인등기한 자이며 늦게 아이를 낳는 것은 여자가 23세 이후 결혼 임신하여 첫 번째 애를 가진 것을 말한다. 늦게 출산한 자는 남자간호기를 7일, 여자의 출산휴가 기간을 44일 증가하며 동시에 "독자녀영광증"을 영수한다. 늦게 아이를 가져 휴가기간 내의 월급은 정상적으로 발급한다. 부부가 계획출산수술을 받는 시간과 검사기간을 모두 정상휴가로 처리한다. 자궁내 피임장치를 넣고 수술일로부터 2일 휴식을 취하며 육체적 노동을 하는 자는 수술 후 1주일내 육체적 노동을 하지 않는다. 자궁내 피임장치를 꺼내는 것은 당일 휴식 1일로 한다. 수정관결찰술자는 휴일 7일로 한다. 단순 수란관 결찰술은 휴일 21일로 한다. 인공유산자는 14일로 한다. 인공유산

동시에 자궁내 피임장치를 넣은 자는 16일 휴식한다. 인공유산 동시에 수란관결찰술을 받은 자는 1개월을 휴식을 한다. 임신을 중단한자는 1개월 휴식을 하며 임신 중단을 하고 동시에 수란관 결찰술을 받은 자는 40일 휴식을 한다. 산후 수란관결찰술을 받은 자는 출산휴가에 14일을 더한다. 계획생육을 실시한 수술비, 의료비등 각종 비용은 기업"의약위생보조비"에서 지출하거나 "공비의료비용"에서 지출한다.

생육보험의 성과와 과제

1995년까지 전국에는 23개의 성, 자치주의 13만 5,400개의 기업이 여직원생육보험을 통합적으로 모집하는데 참여하였고 참여한 직원이 1,500만 명이었다. 이후 생육보험 가입자 수는 지속적으로 증가하여 2015년에 1억 7,771만 명으로 증가하였다. 생육보험기금 현황을 보면, 1995년 직원생육보험기금의 수입은 2.9억 위안이었으며, 2015년에는 1조 7,771억 위안으로 증가하였다. 기금의 지출은 1995년 1.6억 위안이었으며, 2015년도에는 411.5억 위안으로 증가하였다. 기금잔액은 2015년도말 현재 684.4억 위안이다(중국노동통계연감, 2016: 393).

<표 11> 연도별 생육보험 가입자와 기금 현황

(단위: 만 명, 억 위안)

연도	참가자 수	기금 현황		
		기금수입	기금지출	기금잔액
1995	1,500	2.9	1.6	2.7
2000	3,002	11.2	8.3	16.8
2005	5,409	43.8	27.4	72.1
2010	12,336	159.6	109.9	261.4
2015	17,771	501.7	411.5	684.4

자료: 2016 중국노통통계연감, p.393.

생육보험 개혁의 주요 쟁점은 보험의 사회적 풀이 국유기업과 대규모 집체기업에 한정되어 있다는 점이다. 이러한 상황은 다양한 경제단위들간의 노동력의 이동을 제한하며 기업운영시스템의 변화에 장애를 가져오게 된다. 또다른 쟁점은 법적 기반의 결여와 부적절한 급여수준이다. 통일된 생육보험 입법의 결여로 인하여 기업의 파산이나 적자가 발생할 경우 여성노동자의 권리가 보장되지 못하게 된다. 급여의 범위가 좁고 사회화의 수준이 낮은 것은 사회적 연대가 기능하지 못함을 의미한다. 부적절한 급여체계와 투명성의 결여는 생육보험에 대한 불신을 가져오기도 한다. 이에 따라 2001-2010년간 여성을 위한 중국발전계획에 의하면, 정부는 생육보험의 적용을 대상인구의 90%까지 확대할 것을 선언하였으며, 정부부서에서 생육보험의 입법과 대상의 확대를 위하여 노력하고 있다(Zhu, 2002: 50).

Chapter 8

가난을 극복하는 공공부조와 사회서비스

· · ·

8

가난을 극복하는 공공부조와 사회서비스

농촌과 도시의 빈곤문제

중국의 빈곤문제는 농촌경제와 도시경제의 거대한 격차로 인한 이중구조로 인하여 빈곤의 개념과 문제도 농촌과 도시에서 다르게 나타나고 있다.

농촌의 빈곤은 경제개혁 이전에도 광범위하게 존재하였지만 사회주의 경제체제하에서는 농민들간의 비교적 평등한 소득분포가 이루어져 있었기 때문에 심각한 사회문제로 인식되지 않았다. 그러나 1970년대 말부터 시작된 농촌경제 개혁의 추진으로 일부 지역의 농민의 소득이 향상되면서 농촌의 빈곤문제가 부각되었다. 1980년대 중반에 1억 2,500만 명의 농민이 빈곤상태에 있는 것으로 추산되었으며, 이들은 열악한 경제사회적 인프라로 인하여 외부의 지원이 없이는 스스로 빈곤을 극복하기 어려운 인구였다. 이에 따라 1980년대 중반부터 거대한 대빈곤정책이 농촌지역에서 수행되었다. 이러한 대빈곤정책은 두 가지 중요한 특징을 갖고 있었다. 첫째, 지역성의 빈곤(regional poverty)을 표적으로 하였다는 점이다. 정책의 목표는 개별 가구를 직접 원조하기 보다는 지역의 개발과 경제를 향상시키는 것이다. 둘째, 사회적 인프라에 대한 투자와 경제 활동에 대한 지원을 위한 대여를 통하여 빈곤한 농가의 경제적 능력을 강화시키는 것이다. 1986-1992년간에 시행된 1차 대빈곤정책의 사업에서는 연간 4억 위안의 자금이 빈곤지역에 투입되었으며, 그 결과 1992년에는 빈곤인구가 7,000만 명으로 감소하였다(Guan, 2003: 76).

1993년부터는 새로운 2차 대빈곤정책의 사업이 20세기말까지 절대빈곤을 퇴치한다는 목표로 진행되었다. 2차 대빈곤정책의 사업은 다음과 같은 특징을 갖고 있다. 첫째, 2차 사업에는 중앙정부로부터 보다 많은 재정적 지원이 이루어져서 연간 250억 위안의 자금이 경제개발과 빈곤구제를 위하여 투입되었다. 둘째, 대부분의 재정지원이 공공프로젝트와 성장 중심지역에 투입되었지만, 동시에 낙후한 빈곤지역에도 재정지원이 확대되었다. 셋째, 기초교육과 같은 보다 많은 사회적 인프라와 프로젝트에 재정이 지원되기 시작하였다. 그 결과 1999년에 중국정부는 절대빈곤을 퇴치하고자 한 정책의 기본적인 목표가 달성되었다고 보고하였다. 그러나 실제 농촌의 빈곤은 여전히 존재하고 있으며, 3,700만명의 농민이 여전히 빈곤선 이하에서 생활하고 있는 것으로 보고되고 있다. 특히 서부의 낙후한 지역은 자연환경과 경제적 사회적 인프라가 취약하여 외부의 지원이 없이는 빈곤을 극복하기 어려운 실정이다. 더욱이 국제적인 기준(일인당 1일 미화 1달러)에 의하면, 1억 5000 만명이 빈곤상태에 있는 것으로 보고 있다.

1990년대의 대빈곤정책이 비교적 성공을 거두었지만 농촌지역에는 아직도 심각한 문제가 남아있다. 대부분의 농민들은 절대빈곤선을 약간 상회하는 소득을 갖고 있지만 소득이 불안정하여 정부의 지원이 없으면 대다수가 빈곤에 다시 빠질 위험이 있다. 그리고 대부분의 빈곤지역에서는 교육과 보건서비스와 같은 사회적 서비스가 열악하다.

이러한 문제를 해결하기 위하여 중국정부는 21세기에 새로운 대빈곤정책으로 10개년계획(2001-2010)을 추진하였다. 새로운 대빈곤정책의 주요 특징을 다음과 같다. 첫째, 중앙정부의 재정지원이 중서부의 빈곤지역에 집중되고 있다. 둘째, 재정적 지원이 단순한 생계지원 보다는 생산적인 프로젝트에 투입될 것이다, 셋째, 교육과 보건서비스와 같은 사회적 프로젝트가 강조되고 있다.

한편, 도시지역의 빈곤은 농촌지역의 빈곤에 비하면 새로운 쟁점이다. 개혁이전에는 대부분의 도시주민들은 소득이 비교적 평등하였으며, 완전고용정책으로 실업율이 매우 낮았다. 그러나 1990년대 이후 도시빈곤은 심각한 사회문제가 되었다. 도시지역의 빈곤율은 5%에서 15%에 이르기까지 다양한 추계가 제시되고 있다. 그러나 공식적인 빈곤선은 3.5%이하로 낮게 제시되고 있다.

도시빈곤은 농촌빈곤에 비하여 보다 복합적인 현상이다. 도시빈곤을 설명하는 주요 요인은 경제적 요인과 사회적 요인을 들 수 있다.

첫째, 경제적 요인; 대부분의 도시빈곤 가구는 가장의 실업이나 저소득이 빈곤의 원인이다. 시장경제로의 전환으로 도시의 기업들은 경쟁에 직면하게 되었고, 효율성이 낮은 국영기업과 집단소유 기업들은 파산에 직면하거나, 시장경제체계 속에서 생존을 위한 조치로 직원을 감축하는 해고를 할 수 밖에 없게 되었다. 도시지역의 실업은 공식적인 등록된 실업자 외에도 기업에서 해고되었으나 여전히 일부 생계비와 복지서비스를 받는 시아장 해고근로자가 있다. 이중 시아장 근로자는 1999년도말 현재 약2,000 만명에 달하는 것으로 추계되었다. 이러한 등록된 실업자와 등록되지 않은 실업자를 포함한 실질적 실업율은 최소한 5-8%에 달하였으며 도시지역 빈곤의 잠재적인 원인인 것이다.

둘째, 사회적 요인; 증대하고 있는 도시빈곤과 관련된 사회적 요인은 사회보장급여와 기타 사회적 서비스의 감소이다. 사회보장 개혁의 결과, 정부는 국영기업 근로자에 대한 종신고용의 보장, 연금과 보건서비스를 보장할 책임을 포기하였다. 구체제의 연금과 보건서비스를 대체하는 새로운 형태의 사회보험이 도입되었지만 근로자들은 사회보험의 비용부담을 고용주와 나누게 되었다. 시장경제체제 하에서 경영의 압박을 받는 기업들은 추가의 비용부담이 어려워 기여금 납부를 거부하기도 한다. 또한 지방정부 책임으로 새롭게 운영되고 있는 의료보험도 아직 정착되지 못하여 의료비 부담이 개인의 책임으로 이루어지는 경우가 많다. 주택이나 교육서비스 등도 체제전환으로 유사한 상황에 있다. 이러한 상황은 저소득 도시주민들이 빈곤에 빠지게 하는 원인이 되고 있다.

도시지역의 빈곤인구는 크게 세 가지 종류로 분류된다. 첫째 집단은 소득, 근로능력, 가족의 지원이 없는 이른바 '삼무' 계층으로 정부의 사회구조 대상이다. 둘째는 안정된 직업이 없는 집단으로서 장기간 저소득 상태에 있는 인구이다. 셋째는 신도시빈곤층으로서 국영기업이나 집단기업으로부터 해고된 시아장 근로자와 공식적 실업자이다. 이중 세 번째 집단은 최저생활보장의 수혜자라는 기준에서 볼 때 가장 큰 집단이며 전체 빈곤인구의 2/3에 달한다. 신도시빈곤층은 경제개혁의 결과로 나타난 현상으로서 매우 유동적인 인구이다. 이들은 일시적으로 직장을 상실하였지만 노동의 능력과 의사를 가지고 있으며, 새로운 직장을 가지게 되면 탈빈곤이 가능한 인구이다.

도시주민의 최저생활보장

체제변화의 개혁시기에 도시 빈곤문제의 발생으로 최저생활보장은 긴급한 정책과제가 되었다. 근년에 최저생활보장제도를 실시한 도시의 조사에 비추어 볼 때, 사회구제 대상자는 다음의 몇 가지로 분류된다. 첫째는 이미 노동능력을 상실한 자로서 여기에는 삼무(三無)와 같은 전통적인 구제대상이 포함되며 약 50여만 명이 있다. 둘째는 위의 구제조건에 부합하지 않는 저소득인구로서 전국적으로 약 50만 호, 200만 명이 존재한다. 셋째는 시아장 실직 인원중 재취업이 불가능한 저소득자로서 전국적으로 500여만 가구, 1700여만 명이 존재하였다(蘇曉云, 1998: 177-8).

경제개혁에 따라 위의 두 번째와 세 번째 부류가 증가하고 있으며, 점차 사회보장의 대상으로 인식되고 있다. 따라서 도시의 빈곤인구는 약 2,000만 명 수준으로 전국도시의 비농업인구 1억 9,000만 명의 약 10%에 해당한다.

1993년 6월 이후 상해시를 시작으로 전국의 주요 도시들에서 최저생활보장제도를 시범적으로 실시하기 시작하였다. 1996년도말 현재 약 100개의 시와 현이 도시 최저생활보장선을 설정하였고, 1997년 현재 206개 시, 현, 진(市, 縣, 鎭)이 도시최저생활보장제도를 시행하였고, 2000년에는 모든 도시에 확대하도록 계획되었다.

그러나 최저생활보장선은 지역의 경제적 여건에 따라 다르게 책정되고 있다. 1996년 9월 현재 월 100 위안 이하로 설정된 지역은 심양 등 세 개 도시이며, 100-149 위안으로 설정된 지역은 남경, 남녕, 제남, 청도, 중경 등 44개 도시, 150-199 위안은 상해, 천진, 하문 등 26개 도시, 200 위안 이상은 광동의 불산시 등 5개시이다. 이와 같이 각 지역간의 차이가 크게 나타나고 있는데, 이것은 각 지역의 경제수준의 차이와 재정지불능력에서 비롯된다.

중국통계연감(2005)에 의하면, 도시지역의 최저생활보장 대상자 수는 2004

년도말 현재 2,205만 명, 농촌주민은 488만 명에 이르고 있었다. 2004년도 현재 전통적인 방법에 의한 도시지역 임시구제대상자 수는 285.2만 명, 농촌지역 임시구제대상자 수는 1,720만 명으로 나타났다.

2015년 현재 공공구호의 대상은 도시최저생활보장인구 1701만 명, 농촌최저생활보장인구 4903.6만 명, 농촌집중공양 5보 인구 162.3만 명, 농촌분산공양 5보 인구 354.4만 명으로 나타나고 있다.

<표 12> 1998~2004 공공구호 대상자 현황

(단위: 만 명)

구분	1998	1999	2000	2001	2002	2003	2004
최저생활보장대상자 수	184.1	531.7	702.8	1475.3	2,472.5	2,613.9	2,693.0
도시주민	-	265.9	402.6	1170.7	2,064.7	2,246.8	2,205.0
농촌주민	-	265.8	300.2	304.6	407.8	367.1	488.0
전통적 구제자 수							
도시 임시구제대상자	332.2	157.1	155.6	213.9	321.4	348.3	285.2
농촌 임시구제대상자	2,691.7	1,659.8	1,667.6	1,800.5	1,677.6	2,009.8	1,720.0
농촌 5보 대상 가구수	282.8	303.7	270.6	221.6	162.2	173.9	228.7

자료: 중국통계연감, 2003. p.839; 2005, p.793.

<표 13> 2007-2015 공공구호 대상자 현황

(단위: 만 명)

연도	도시 최저생활 보장 인구	농촌 최저생활 보장 인구	농촌 집중공양 5보 인구	농촌 분산공양 5보 인구
2007	2272.1	3566.3	138.0	393.3
2208	2334.8	4305.5	155.6	393.0
2009	2345.6	4760.0	171.8	381.6
2010	2310.5	5214.0	177.4	378.9
2011	2276.8	5305.7	184.5	366.5
2012	2143.5	5344.5	185.3	360.3
2013	2064.2	5388.0	183.5	353.8
2014	1877.0	5207.2	174.3	354.8
2015	1701.1	4903.6	162.3	354.4

자료: 중국통계연감, 2016, p.731.

사회구조는 국가와 사회가 생존위기에 빠지거나 혹은 최저생활수준을 유지하지 못하는 사회 구성원에게 법에 규정한 기준에 의해 그들에게 최저생활 수요를 제공하는 물질구조의 사회보장제도이다. 중화인민공화국헌법 제45조 규정에 의하면, 중화국 공민은 연로, 질병 혹은 노동력을 상실하였을 때 국가와 사회로부터 물질보조를 받을 권리가 있다. 사회적 곤경에 빠진 사회구성원에게 사회구조를 제공하는 것은 국가와 사회가 마땅히 책임져야 하며, 법률이 규정한 사회책임으로부터 사회구조는 그들이 법률의 보호를 향유하게 하는 기본 권리이다. 사회구조의 목표는 재해에 대처하고 곤란을 극복하여 사회구성원의 기본수요를 만족하는 것이지 생활의 질을 높이는 것이 아니며 사회구조가 사회보장체계 중 최하단계에 놓여있다. 중국의 사회구조는 고아, 과부, 불구에 대해 보조하고 도시와 농촌 빈곤가구 보조와 재해 구조 등을 포함하며 이런 사회구조는 모두 사회구성원의 빈곤에 대해 실시한 것이다. 중국정부의 사회구조의 방침은 "군중에 의거하고, 집체에 의거하며 생산은 자립구조하고 서로 도우며 국가의 필요한 구조와 보조로 보충하는"것이다. 인민정부는 빈곤 가구의 사회 성원에 대해 대량의 사회구조 사업을 진행하였다. 그러나 실제적인 사회 요구와 비하면 아직도 큰 차이가 있다. 특히 사회주의시장경제체계를 건립한 이후 사회가 경제적 전환기에 처해 있으며 빈부차이가 확대되어 상대적으로 빈곤한 사회 구성원이 많아져 사회구조 제도개혁의 임무가 가중해졌다.

도시주민 최저생활보장의 원칙

최저생활보장선은 국가가 기본적 생활수요를 유지하기 어려운 사회구성원을 위해 제정한 사회구제의 기준이다. 최저생활보장제도의 일반적인 방법은 가장 기본적인 생활수요의 표준에 근거하여 최저생활보장선을 정하고 각 공민의 소득수준이 최저생활보장선 보다 낮아 생활상의 곤란이 발생하면 국가와 사회로부터 법적으로 규정한 절차와 표준에 의해 현금과 서비스를 제공받는 것이다. 최저생활보장제도는 사회보장제도의 기초이며 기본생활을 보장하는 마지막 방어선이다.

경제사회변화의 개혁 시기에 빈곤을 조성하는 원인 중에서 사회적 요인이 개인적 요인 보다 커서 최저생활보장제도의 건립이 절박하게 되었다. 국유기업이 경영방식을 시장경제체계로 전환하는 과정에서 많은 곤란에 부딪치게 되었으며 이러한 기업의 경영은 시장경제와 어울리지 않아 경제적 효율이 저하되고 직원이 해고되었다. 통계에 의하면 국유예산 내 기업의 손실이 약 40%에 달하였고, 전국에서 실업, 시아장 근로자가 6,000-7,000만 명에 도달하였으며, 이들은 생활상의 곤란에 부딪치게 되었다. 그 외에 물가상승은 일부 도시주민들, 특히 저소득주민들로 하여금 생활상의 곤란을 초래하였다. 중국에서 실행한 사회구제정책과 새로운 형식 하에서 구제와 수요의 불일치는 구제대상이 제한되어 전국적으로 정기적인 구제대상이 적고 구제수준이 낮고 일반적으로 매월 50 위안 정도로서 도시의 실제 소비수준과 차이가 커서 많은 구제대상자의 생활이 극히 어려운 것으로 표현된다. 이러한 상황에서 새로운 사회보장제도를 건립하여 사회주의시장경제체제의 수요에 순응하며 기본적인 생활수요를 보장하며 많은 사람들이 경제적 안정을 누리게 하고 최종적으로 사회적 안정을 수호하여 사회발전을 촉진하는 것이 최저생활보장제도의 목적이다.

도시주민 최저생활보장제도의 원칙은 다음과 같다.

① 국가보장의 원칙
공민이 기본생활을 유지할 수 없어 국가구제를 받는 것은 생존권의 구현이며 공민의 기본 권리이다. 빈곤자를 위해 기본적인 생활보장을 제공하는 것은 정부의 책임이다. 그러나 빈민을 자립자생, 자산구제하는 것을 격려하고 이웃과의 상호원조를 제창하고 가정보장의 기능을 발휘하는 것도 주의하여야 한다.

② 기본생활보장의 원칙
군중의 기본생활의 보장에 초점을 두어야 하며, 보장수준은 높지 말아야 하며 최저생활보장이 "최하보장" 기능을 수행한다. 이것이 대처해야 할 것은 현실적으로 존재하는 빈곤현상이며 이미 빈곤에 떨어진 사회구성원으로 하여금 빈곤에서 벗어나게 해야 한다. 동시에 최저생활보장제도의 목표는"최저보장"이며 이에 대한 의존을 방지해야 하며 무노동 획득하는 것을 방지해야 한다. 그리고 빈곤자의 생활수요를 보장할 뿐 아니라 사회생산력 수준, 국가의 재정, 각 방면이 받는 능력과 상호 순응하여야 하며 수요와 가능성의 관계를 잘 처리해야 한다.

③ 사회화의 원칙
대상에 대해 지역정부에서 규정한 최저생활보장선 보다 낮은 개인과 가정은 신분, 지위, 직업의 유무를 물론하고 동일하게 구제를 하고 전체공민은 모두 평등하다. 최저생활보장선은 공민의 생활수준이 최저생활보장선 이하로 이동하였는가 하는 것이다. 관리서비스 상에서는 점차적으로 무분, 단위가 통일적으로 관리하고 사회구제사업의 효율을 제고하는 것이다.

④ 점진적 제도화의 원칙
최저생활보장제도를 건립하는 것은 사회보장제도체계의 중요 내용을 보완하는 것이다. 처음부터 그의 규범성 요구를 고려하고 제도건설에

착안점을 두어야 한다. 이미 있는 도시구제제도는 수십년간 실행하였고, 새로운 최저생활보장제도의 건립은 자금의 축적, 지출방식, 관리방법을 건립하는 기초 위에서 점차 규범화하는 과정을 거쳐야 한다. 동시에 실제에서부터 출발하고 환경에 따라 다르며, 형식을 다양하고 수준을 차별하며 단계별 대책을 세운다.

⑤ 법제화의 원칙

최저생활보장제도의 개혁성과와 실시한 효과적인 방법을 법규와 조례의 형식으로 고정시켜야 하며, 사업의 정당성, 계통성과 권위성을 증진하고, 법으로 최저생활보장선의 사업을 관리한다. 동시에 정책체계를 보완하고 규정제도를 건립하는 것이다.

최저생활보장의 대상과 범위

도시최저생활보장제도의 건립은 구제범위와 보장대상을 확대하였다. 이미 실시한 최저생활보장제도의 상황을 보면 구조대상은 대체적으로 두 종류로 나눌 수 있다. 한 부류는 이미 노동력을 상실하거나 미비한 구조대상이다. 그중에서 전통적인 민정구제대상은 독거노인과 장애인, 고아, 사회곤란 가구와 국가정책에 의해 사회구조의 구제를 향유하는 구제대상, 국가구조의 우대 대상이 포함되며 이런 대상이 대략 15만 호, 50만 명을 차지한다. 그 외에도 또 현행 사회구제 조건의 저소득가정에 부합되지 않은 가정은 무노동력의 심한 불구의 가정, 주요 노동력이 중환에 있는 가정, 단위 유산의 보조를 받는 가정, 일부 돌려보낸 지식청년의 가정, 배우자가 무직업인 퇴직직원의 가정 등을 포함한다. 다른 부류는 실업과 시아장 실직자가 재취업하지 못한 저수입의 가정, 생산이 정지되거나 반 정지상태에 있는 기업 중의 저수입직원의 가정, 실업보험에 가입하지 않거나 실업보험의 조건에 도달하지 못한 생활이 곤란한 가정이다.

최저생활보장의 대상은 국무원 1997년 29호 문건에 의해 세 가지 부류의 인원을 규정하였다.

> ① 생활의 원천이 없거나 노동력이 없거나 법정 공양인 혹은 부양인이 없는 주민, ② 실업구제금을 받는 기간이 다 지났으나 재취업하지 못하고 가정일인당 수입이 최저생활보장수준보다 낮은 주민, ③ 재직인원과 시아장 인원이 최저월급, 기본생활비를 받거나 퇴직원이 퇴직금을 받은 후 그 가정의 일인당 수입이 계속 최저생활보장수준 보다 낮은 가정.

첫 부류에 속하는 것은 전통적인 구제대상이며, 두 번째 부류는 새로 증가한 사회구제 대상이다. 경제체제의 개혁의 심화에 따라 두 번째 부류의 구제대상이 점차 증가할 것이며 점차적으로 사회보장 대상의 주체로 될 것이다. 이러한 구조조건에 부합되는 도시빈곤인구는 대략 2,000만 명 정도이며 전국도시 비농업인구 1억 9,000만 명의 10% 정도가 되는 것으로 추산되었다.

시장경제의 건립과 경제체제 개혁의 심화 발전에 따라 원래의 구제대상이 상대적으로 감소되었으며, 사회환경의 변화로 생긴 사회구성원의 상대적 빈곤은 두 번째 부류의 구제대상이 점차적으로 사회구조의 주요대상으로 된다. 사회보장제도의 발전의 방향과 발전 목표를 보면 최저생활보장 이전 보다 낮은 도시빈곤개인과 가정이 모두 보장대상과 구제범위에 속하며 모두 관리기구에 납입하고 구조를 제공하여야 한다. 그러나 최저생활보장제도의 건립초기에 각급 정부의 재정능력이 아직 모든 구조대상에 대해 구조를 실시하지 못하고 있어 구제범위와 보장대상을 넓히는 것은 수요와 재정능력에 따라 실행해야 한다.

최저생활보장선의 확정과 표준 조정

사회구조의 목표는 구조대상자가 해당지역의 최저수준의 생활을 누리는 것이다. 그러므로 과학적으로 최저생활보장수준을 확정하는 것은 한 가지 중요한 사업내용이다. 국제적으로 최저생활수준을 결정하는 방법은 생활수요법, 비례예산법, 국제빈곤수준선법, 엥겔계수법, 생활형태법 등이 있다. 중국의 상황은 여러가지 방법을 종합하여 사용하고 있으며 일반적으로 생활수요법을 기초로, 주민의 기본생활필수품과 서비스를 확정하고 시장가격을 계산하며, 당지의 경제발전수준, 주민생활소비수준, 평균소득수준, 물가수준과 재정상황에 근거하여 확정한다. 이는 심도있는 조사연구의 기초 위에서 각지 인민정부가 자체로 확정한다.

중국은 지역이 광활하므로 경제발전이 불균형하며 각지 주민의 생활수준이 차이가 크다. 국가는 다만 최저생활보장제도의 원칙을 요구하며 구체적으로는 소비와 물가수준, 생활습관과 재정능력에 의해 결정되며 서로 다른 지역에서 수준상의 차이를 허용한다. 동시에 당지의 경제발전수준, 사회평균월급, 물가수준에 근거하여 조정하고 제고하여 구조대상의 기본생활이 보장받게 하며, 사회발전의 성과를 향유할 수도 있게 하고, 기준을 조정할 때 보장표준의 특징을 고려해야 하며, 동태적인 관리를 실행한다.

최저생활보장제도의 재정

예산에 의하면 만약 매년 1,200만 명이 최저생활보장의 구조를 신청하면 전국에는 매면 60억의 자금의 지출이 있고 이런 거대한 자금은 전부 정부에서 부담하는 것은 현실적이 아니다. 경제가 비교적 발달한 중소도시에서 최저생활보장제도가 필요한 자금을 재정예산에 납입하였다. 예를 들면 대련시는 필요한 자금을 전부 다 시, 구 두급의 재정에서 부담하였다.

구조자금의 원천을 확정하고 빈곤대상에 대한 기본적 권익을 확보하기 위하여 조건이 되는 지방에서는 사회구조기금을 건립할 수도 있는데 기금의 원천은 현, 시 지방재정에서 일정한 비례에 의해 자금을 발급하고 상급 재정부문에서 현, 시의 보조금에 대해 기업월급총액 중에서 일정한 비례로 공제하며 사회 각급에서 보조하거나 헌금하는 것이다.

중앙재정에서는 마땅히 일부 자금으로 각 지역에 보조를 행한다. 왜냐하면 사회구조 대상은 이전에 국가를 위해 헌신하였으며 중앙에서 세금의 형태로 일부분 가져갔으며 그들이 곤란에 처해있을 때에는 중앙에서 그들에 대해 지지와 원조를 하는 책임이 있다. 일부 빈곤지역에는 구조의 임무가 과중하여 지방재정이 확실히 능력이 없으면 중앙에서 보조를 진행해야 한다.

도시주민 최저생활보장제도의 운영

1993년 6월 1일 중국의 최대 도시인 상해에서 실시함에 따라 하문, 청도, 복주, 대련, 광주, 심양 등 도시에서도 연속적으로 최저생활보장제도를 건립하였다. 이것은 정부에서 주체로 실행한 최저생활선의 보장이 도시주민기본생활권의 사회보조제도이며 도시사회보장체계의 한 기초공정이다. 이미 최저생활보장제도를 실시한 도시에는 이 제도가 효율적으로 도시빈곤주민의 기본생활을 보장하였으며 효과를 거두었다. 이미 실행한 최저생활보장제도의 도시의 경험에 의해 이 제도를 실시하는 대체적인 절차는 다음과 같다.

(1) 전체 도시주민을 대상으로 합리적으로 구조대상 확정

도시최저생활보장제도의 대상은 도시주민 중 표준보다 낮은 수입을 받으며 생활이 곤란한 자이며 원래의 도시 사회구조의 대상범위를 벗어났다. 예전의 도시 중에서 민정부문이 실시한 사회구제의 대상은 주로 "3무"의 대상이며, 즉 고정적인 직업이 없고(실업 2년 이상을 포함) 고정적인 생활원천이 없으며 노동력이 없고, 법적인 부양인이 없는 도시주민, 특곤 가구, 즉 가정 중에서 재직인이 공양, 부양계수가 높거나 단위 경제효율이 나쁘고 수입이 떨어지거나 중단되어 생활이 곤란한 주민이다.

상해시에서 "도시주민최저생활보장선을 실시하기 위한 통지"의 실시에 대한 의견이 제출되었다. 상해시의 호구를 지닌 주민 중에서 평균 월수입이 120원보다 낮으면 모두 보장대상에 속한다. 보장대상은 중국의 "혼인법"에 따라 공양, 부양관계의 규정에 따라 재직인은 재직인 있는 단위에서 보장을 하며 무직업인은 민정부문에서 보장한다.

직원단위의 보장범위: 직원은 단위 내에서의 전부의 직원을 말하며 정규

직, 계약직, 장기 병휴가 직원, 기업내 대기인원, 퇴직예약인원, 퇴직원을 포함하며 노동월급의 통일적인 계산에 넣지 않은 직원은 소재한 단위에서 임시직으로 곤란보조의 방법으로 해결한다. 단위는 각 행정, 기업단위를 말하며, 전민소유제기업, 집체소유제기업(생산서비스합작사), 연합경영기업, 중외합작경영기업, 외자기업, 주식제 기업, 사영기업 또한 합법적으로 처사한 기업법정대리인을 등록한 기타 기업을 포함한다.

민정부문에서 보장하는 범위: 원래 소유하고 있는 "3무" 구조대상, 타 도시에서 퇴직하여 상해로 돌아와 정착한 인원, 기업대기의 구조금을 받지 못하는 기업대기인원(기업대기증이 있으나 기업대기구조조건에 부합되지 않거나 기업대기증이 있고 기업대기구제금을 영수하는 기간이 만료한 것)

(2) 과학적으로 최저생활보장기준을 확정하고 점차적으로 조정

최저생활보장기준의 확정은 최저생활보장제도를 실시하는 중요한 절차이다.

첫 번째 절차는 비교적 광범한 조사연구를 진행하고 기본적인 자료를 수집하고 과학적인 예산을 진행한다. 도시주민생활 총체상황과 빈곤주민 생활상황(수입, 물가, 소비구조 등을 포함)에 대해 상세한 조사통계를 진행한다. 이 사업은 민정, 통계, 물가, 공회, 가도 사무소, 주민위원회에서 참여하고 다 방면의 자료와 수치를 종합하여 최저생활수준을 결정한다.

대련시의 통계와 예산방법으로 시 통계국 도시 조사대가 일정한 과학적 방법으로 도시의 300호 주민의 사례를 조사한 결과 수입에 따라 7개 소조로 나누고, 그중에서 최저수입 조(총 가구수의 10%를 차지) 중에서 더 낮은 수입 조(총 가구수의 5%를 차지)의 실제 소비자료가격(163.8위안)에서 생활에서의 사치성 소모비(예를 들면 차, 음료, 비단, 모피, 나일론제품으로 된 옷, 금은 장식, 실내장식), 그리고 여행비 등 지출비용을 감하면(총 9.27위안) 154.63위안이 남는데 이것이 최저생활소비가격이다.

두 번째 절차로 최저생활보장기준은 경제의 발달에 따라 부단한 조정을 요구한다. 최저생활보장기준은 확정한 후 영구적으로 변하지 않는 것은 아니며 각 도시가 경제발전과 시장의 물가상승계수의 상황에 따라 조정을 진행한다. 예를 들면, 상해시가 1993년 6월에 확정한 표준은 매월 일인당 평균이 120위안인데 그 후 매년 한번씩 조정을 하며 민정국에서 조정과 반포를 책임진다. 1994년에는 132위안으로, 1995년에는 또 165위안으로 조정하였다.

일부 도시에서는 실물의 보조방법을 택하여 최저생활보장기준 이하의 주민에게 보조를 제공하였다. 상해시 1994년 5월 1일에 곡식, 기름, 사탕 등 실물을 보조하는 조치를 하였다.

(3) 최저생활보장제도의 재정관리

최저생활보장대상과 수준을 확정한 후 충분하고 확고한 재정으로 제도의 실행을 보장하지 못하면 최저생활보장제도가 실행되기 어렵다. 그러므로 재정의 확보는 최저생활보장제도의 핵심이다. 현재 각 도시에서 실시한 최저생활보장제도의 재정은 모두 지방정부에 의하여 충당되고 있다. 재정은 일반적으로 두 가지 방법을 선택하는데, 즉 분할부담 방법과 재정을 통일적으로 책임지는 방법이다.

분할부담의 재정을 책임지는 방법은 구조대상의 소속에 의해 누가 구조자금을 책임질 것인지를 결정한다. 빈곤가구 중에서 직장에 재직(퇴직자를 포함)하고 있는 자가 있으면 구조자금은 본인의 소속 직장단위 혹은 부문에서 부담하고, 만약 단위부문이 실제로 부담하는 능력이 없으면 재정에서 부담한다. 직장단위가 없는 빈곤 주민은 모두 재정에서 부담한다.

재정에서 통일적으로 책임지는 방법은 정부재정에서 구조자금을 부담한다. 이런 방법은 아래와 같은 두 가지 형식이 있다. 첫째는 시, 지구 재정에서 나누어 부담하는 방식이다. 예를 들면, 대련시는 시 재정에서 구조자금의 70%, 지구 재정에서 30%를 부담하며, 무한시에서는 시 재정에서 50%, 지구 재정에서 50%를 부담하도록 규정하였다. 둘째는 시 재정에서 독립적으로

부담하는 방식이다. 예를 들면, 본서시에서는 1996년부터 시 재정에서 전체의 시의 개인의 세액의 50%인 약 500-600만 위안을 사회구조에 투입하여 지구재정의 투입과 기업의 모금없이 재정을 부담하였다. 그 외에도 각지에서 사회각계를 동원하여 각종 사회구조기금을 설립하여 재정의 부족을 해결하기도 한다.

(4) 관리감독

과학적인 관리는 최저생활보장제도를 순리대로 집행하고 발전하는 관건이다. 최저생활보장제도의 관리는 주로 구, 가도, 주민위원회 등 기층 주민조직에 의거하여 구조대상을 심사를 진행하고, 구조금을 지급한다.

상해시 규정은 최저생활보장의 기준보다 낮으면 구조를 신청할 권한이 있다. 모든 최저생활보장제도를 실시하는 과정 중에서 보조대상이 먼저 신청을 제기하고 주민위원회에서 조사를 진행하고 의견을 제기하며 구체적인 심사는 주민위원회의 의견을 참고하여 결정을 한 후 구 민정국에 보고하여 당안을 작성한다. 이런 방법은 기층조직과 기층간부에 의하여 집행되며, 기층조직과 기층간부의 책임감을 증대하고 기층간부의 위상을 높이며 정부와 군중의 자치조직과 인민군중의 관계를 밀접하게 하였다.

각 도시에서 최저생활보장제도를 실시하는 과정 중에서 구조대상의 심사와 구조자금의 발급에 대해 모두 규범화 관리를 강조하였고 실사구시의 원칙, 공개의 원칙, 동태관리의 원칙을 견지한다. 심사발급에는 일반적으로 이런 몇 가지 절차가 있다. 구조대상의 개인신청, 주민위원회에서 조사, 검토하여 신청서를 발급하고 가도 사무소(혹은 단위, 부문, 공회)의 심사, 구 민정국의 심사, 시 민정국이 복합심사하고 당안을 작성한다. 매 절차는 모두 명확한 책임이 있으며 규범화 관리를 요구한다. 실사구시의 원칙은 수령자와 각급 심사책임자가 마땅히 실제상황을 반영하여 공정하게 처리한다. 공개의 원칙은 주민위원회, 가도 사무소가 마땅히 민주, 평등, 공개, 공개적 구조대상, 공개적 구조자금, 사회의 감독을 받는 것, 구조대상이 합법적 권익으로 향유하는 것을 요구한다. 동태관리의 원칙은 구조대상의 가정수입과 실제상황에 근거하여 적시에 구조금을 조정하거나 혹은 구조를 정지하는 것을 요구한다. 각 시에서 실제상황에 근거하여 1개월 혹은 3개월, 혹은 반년, 혹은 1년에 한번씩 다시 심사를 하며 심사상황에 근거하여 구조금을 변동한다. 엄격한 관리와 감독절차로 구조의 정확성을 기한다.

(5) 도시최저생활보장의 효과

도시의 최저생활보장제도는 중국사회보장제도의 망을 형성하였으며 통일적인 도시의 최저생활보장제도는 구조제도를 사회화함으로써 보장을 받지 못하는 도시주민들로 하여금 최저생활의 보장을 받게 하여 저소득 빈민의 생활난을 해결하고 있다. 그러나 최저생활보장제의 실행은 대도시 중심으로 실행되고 있으며 전국적 범위에서 최저생활보장제도의 보편화, 제도화에는 아직도 갈 길이 멀다.

농촌빈곤의 현황

중국의 농촌의 빈곤은 각 시기별 기준에 따라 빈곤율 산정에 차이가 있다. 중국에서는 공식적으로 1978년, 2008년, 2010년을 기준으로 다음 〈표 14〉와 같이 농촌빈곤율을 추정하고 있다.

〈표 14〉에 의하면, 1978년 소득을 기준으로 하여 1978년의 농촌빈곤율은 30.7%에 달하였다. 그리고 2008년 소득을 기준으로 2000년도의 농촌빈곤율은 10.2%에 달하였다. 한편 2010년 소득을 기준으로 할 때 2010년도의 농촌

빈곤율은 17.2%이며 2015년 현재 농촌빈곤율은 5.7%로 추계되고 있다.

<표 14> 연도별 농촌빈곤의 현황

(단위: 만 명, %)

연도	1978년 기준		2008년 기준		2010년 기준	
	빈곤인구	빈곤율	빈곤인구	빈곤율	빈곤인구	빈곤율
1978	25,000	30.7				
1980	22,000	26.8				
1985	12,500	14.8				
1990	8,500	9.4				
1995	6,540	7.1				
2000	3,209	3.5	9,422	10.2		
2001	2,927	3.2	9029	9.8		
2002	2,820	3.0	8645	9.2		
2003	2,900	3.1	8517	9.1		
2004	2,610	2.8	7587	8.1		
2005	2,365	2.5	6432	6.8		
2006	2,148	2.3	5698	6.0		
2007	1,479	1.6	4320	4.6		
2008			4007	4.2		
2009			3597	3.8		
2010			2688	2.8	16,567	17.2
2011					12,238	12.7
2012					9899	10.2
2013					8249	8.5
2014					7017	7.2
2015					5575	5.7

자료: 2016 중국통계연감, p.202.

농촌빈곤구조사업

중국의 농촌빈곤은 역사상 장기적으로 축적되어온 문제이며 사회주의 중국이 건립된 후 소유제의 혁명을 진행하여 박탈을 소멸하였으며 재산 소유제의 배분에 의해 생긴 계급빈곤을 소멸하였다. 경제의 발전과 사회의 진보에 따라 대다수 중국인은 빈곤에서 벗어나게 되었다.

그러나 개혁개방 이전에 중국의 농촌은 여전히 비교적 낙후하였으며 개혁개방 이후 농촌의 개혁과 발전정책을 제정한 후 광대한 농촌은 비로소 거대한 변화가 일어나게 되었다. 특히 동부 연해지역의 농민은 비교적 부유한 생활을 누리고 되었고 중서부지역의 빈곤문제가 돌출하기 시작하였다. 빈곤인구는 장기적으로 절대적인 빈곤상태에 처해 있는 군중을 말하며 빈곤인구의 개인 혹은 가정에서 노동소득과 기타 합법적인 수입으로 기본적인 생존수요를 유지할 수 없는, 즉 그들의 따뜻함과 배부름 문제가 해결되지 못하였다. 이 부류의 사람들을 빈곤하게 하는 원인은 주로 생활환경의 불리함, 자원부족, 기초시설의 낙후, 발전 부족 등이다.

중국의 빈곤은 주로 지역성의 빈곤이다. 1978년 농촌 빈곤인구는 약 2.5억 명이었으며 1995년말까지도 6,500만 명의 인구가 빈곤문제를 해결하지 못하였다. 이런 빈곤인구는 중서부 18개의 심산지역, 석산지역, 고한지역, 황사고원지역, 지방병이 많이 발생하는 지역들이다. 이들 빈곤 지역의 공통적인 특징은 지역이 낙후하고 교통이 불편하며 생태환경이 열악하며 자연자원이 결핍하며 생산수단이 낙후하며 곡식을 자급할 수 없다. 그리고 생활에너지가 결핍하며 수입원이 단일하여 취업기회가 적고 정보가 유통하지 않으며 사회 구성원의 문화수준이 낮고 위생조건이 낙후되어 있다. 사회경제발전이 보편적으로 낙후한 것은 역사상 장기적으로 내려온 빈곤지역이다.

중국은 계획적이고 대규모의 빈곤보조사업을 1980년대 초부터 시작하였으며, 이것은 세계에서 규모가 가장 큰 대빈곤투쟁이었다. 중국은 이러한 지역성의 빈곤 때문에 정부에서는 빈곤현의 기준을 규정하였다. 농촌의 평균 순수입이 정부에서 규정한 빈곤기준 보다 낮은 현을 빈곤현으로 하였으며, 1994년 당시 전국의 빈곤현은 국가에서 고정적으로 보조하는 빈곤현과 성, 자치주지역 보조의 빈곤현의 두 종류로 나누었다.

국가에서 보조하는 빈곤현의 기준

① 1985년 농촌의 연간 일인당 평균 순수입은 150위안 이하의 현, 1985년 농촌 년 일인당평균 수입이 200원 이하인 소수민족자치주의 현, 정강산 지역, 간남 지역, 민서 지역, 무릉산 지역, 대발산 지역, 태항산 지역과 의몽산 지역 등 혁명근거지 중에서 일부분의 일인당 연평균순수입이 200~300위안의 현과 내몽골, 청해, 신강등 성과 자치주 중에서 특수하게 곤란한 소수민족 자치현이다. 전국에는 이 기준으로 규정한 빈곤현이 273개 있다.

② 1984~1986년 3년 평균일인당 순수입이 300위안 이하인 목축지역의 현, 1984~1986년 3년 평균 농촌일인당 순수입이 200위안 이하인 반목축 지역의 현. 전국에는 이 기준으로 규정한 빈곤 현이 27개 있었다.

③ 삼서 (정서, 하서, 서해고지역) 지역 중에서 년 강수량이 400m 이하이며 농업생태환경 정도와 빈곤 정도가 비교적 엄중한 현. 이 기준으로 규정한 빈곤현은 28개 있었다.

성, 자치지역에서는 각각의 서로 다른 상황에 근거하여 각자의 기준을 정하고 빈곤 현을 정하였으며 필요한 보조를 제공하였다. 1986년 성, 자치지역에서 확정하고 보조한 빈곤현은 363개이다. 1988년에는 국가중점으로 보조하는 27개의 목축빈곤 현을 증가하였으며 중복적인 현, 성 자치지역에서 보조하는 빈곤 현을 없애서 371개로 조정하였다. 1988년 국가에서 중점적으로 보조하는 빈곤현과 성, 자치역에서 보조하는 빈곤현의 총수는 699개이며 이런 현의 총수는 전국 총 현의 1/3을 점한다. 1994년 국무원에서 "국가 87보조공관계획" 제정하였으며, 전국의 빈곤 현을 592개의 현으로 조정하였다.

국가의 농촌빈곤보조 사업

중국정부의 농촌빈곤지역에 대한 빈곤보조사업은 1980년대부터 지금까지 대체적으로 3단계로 나눌 수 있다.

① 1980~1985년 제1단계

빈곤보조를 개발식 빈곤보조로 전환한 이 단계의 빈곤보조사업은 민정부와 국무원 유관부문에서 책임지며, 또한 서부지역에 대해 국가에서 재정을 집중하여 보조하였다. 빈곤보조사업은 농촌구제사업의 발전임을 명확히 하였으며 빈곤가구의 생활난을 해결할 뿐만 아니라 빈곤가구를 도와 생산을 발전시키는 것이다. 1982년 12월 민정부는 재정부, 교육부, 국가물자국와 함께 〈농촌빈곤가구를 열심히 보조하는데 대한 사업의 통지〉를 반포하였다. 이 단계에는 각지의 빈곤보조사업의 중점은 "의지의 보조"에 두고 사상교육을 강화하였으며, 빈곤가구를 도와 빈곤가구의 생산성을 제고하여 생산을 발전하는 것에 착안하며 갖은 방법을 동원하여 빈곤가구를 돕게 하였다. 재정부에서는 빈곤보조의 자금을 분배하며 농업세를 감면하는 것으로 빈곤가구를 돌보아 주며, 농촌금융부문에서 자금을 대출하여 빈곤가구를 도와 각종 사업을 안배하며, 상업물자부문에서 빈곤가구에게 우선적으로 물자를 제공하며, 농업부문에서 기술을 제공하며, 교육부문에서 빈곤가구를 위해 학비를 면제하며, 민정부문에서 빈곤보조계획을 제정하여 정부 관련부문을 도와 조정을 행한다. 국가의 빈곤보조사업은 1982년에 정식으로 시작하였으며, 국가에서 매년 2억 위안을 제공하여 빈곤지역에 중점적으로 건설하는 것을 결정하였다. 국가에서는 매년 저개발 지역을 위해 8억 위안의 투자발전기금을 제공하였다.

1980년대 상반기는 중국 농촌생산관계는 대변혁의 시기였으며 전국의 광대한 농촌에는 가정연산책임제를 실행하여 농촌경제가 신속한 발전을 가져와 대다수의 농민들로 하여금 빈곤에서 벗어나게 하였다. 전국의 각 방면의 노력 끝에 중국의 빈곤인구는 1978년 2.5억 명으로부터 1985년 1.25억 명으로 하락하였다. 비빈곤지역의 빈곤인구의 감소가 매우 빠르게 진전되어 지역성의 빈곤문제는 더욱 돌출하게 되었다. 특히 동부지역의 경제의 발전에 따라 발달지역과 낙후지역의 차이가 커지게 하였다.

② 1986-1994년 제2단계

이 단계는 전면적인 빈곤보조의 발전단계이다. 국가와 성, 자치주에서는 계획적으로 699개의 빈곤 현을 보조하였다. 1986년 6월 국무원에서는 빈곤지역의 경제개발영도소조를 건립하였으며 국가계획위원회, 농업부, 민정부, 중국농업은행 등 부문으로 조성하였다. 이 조직은 전국의 빈곤지역을 도와 개발사업을 진행하고 빈곤보조지역의 경제개발방침, 정책과 계획을 제정하고, 개발건설 중에 문제를 해결하며 조사연구를 조직하며 경험을 교류하였다. 이 영도소조는 1993년에 국무원 빈곤보조개발소조를 개명하였으며, 각급 지방정부와 관련 부문에서 상응한 빈곤보조조직을 건립하였다. 1987년 국무원에서는 〈빈곤지역의 경제개발사업을 강화하기 위한 통지〉를 반포하여 빈곤의 대다수 군중의 따뜻함과 배부름의 문제를 해결하는 목표를 실현하는 것을 요하며 빈곤에서 벗어나는 발걸음을 독촉하였다. 이 단계는 중앙에서 지방까지 각급 정부에서 한 개의 완전한 빈곤보조정책, 기구체계를 형성하였으며 재정, 기술, 물자, 인재 등 방면에서 빈곤지역에 대해 지지의 형식으로 전면적인 개발식 빈곤보조를 진행하였다. 이에 따라 1994년도 당시의 농촌빈곤인구는 7,000만 명 수준으로 하락하였다.

③ 1994년 이후 2000년 제3단계

1994년부터 2000년까지를 제3단계이며 빈곤보조는 어려움을 극복하는 단계이다. 1994년 4월 15일 국무원에서는 〈국가 87 빈곤보조공고계획〉을 반포하여 1994년부터 20세기 말까지의 7년 동안에 기본적으로 8,000만 명의 따뜻함과 배부름의 문제를 해결하도록 하였다. 이 단계의 빈곤보조사업은 1994년부터 1996년까지 3년 동안에 국가에서 투자한 빈곤보조자금은 예전보다 많으나 빈곤인구의 감소 속도는 예전보다 느려 1,500만 명을 해결하였다. 현재 남아 있은 빈곤인구는 일인당 수입이 모두가 530 위안의 빈곤선 이하이며, 그 중에서 1,000만 명이 200위안 이하이며 극단적으로 빈곤상태에 있다. 이런 빈곤인구는 주로 심산지역, 석산지역, 황막지역, 고한지역, 황토고원지역, 지방병 다발 지역과 저수지 이민지역에 집중되어 있으며, 지역이 고립되고 교통이 막혀 있으며 생존환경이 열악하여 경제발전이 느리다.

빈곤보조사업의 지속적 추진

중국정부에서 대규모의 지역성 가난보조사업을 전개한지 20년의 기간이 경과하였다. 이 사업으로 장기적인 농촌 빈곤현상을 완화하였으며, 약 3/4의 빈곤인구를 감소하게 한 역사적인 성과였다. 중국정부는 대빈곤투쟁의 성공을 거두었으며 중국의 빈곤문제를 해결하는 기초를 닦았다.

2000년 이후 중국농촌의 빈곤인구는 소득표준에 따라 2010년도에는 9,422만 명으로 추정되었고 2010년도에는 2,688만 명으로 감소한 것으로 추계되었다. 그러나 소득표준의 향상으로 2010년을 기준으로 한 빈곤인구는 2010년에 1억 6,567만 명이었으며, 2015년에는 다시 5,575만 명으로 감소하였다.

① 개발식 빈곤보조를 견지하며 빈곤지역의 자아발전 능력을 향상하는 것은 중국에서 대빈곤투쟁의 기본방침이다. 개발식 빈곤보조의 방침을 관철하는 것은 빈곤지역 간부, 대중의 자아노력을 국가의 빈곤보조와 연합하여 해당 지역의 자원을 개발하고 상품생산을 발전시키며, 생산조건을 개선하고 자아발전의 능력을 강화하는 것은 빈곤에서 벗어나는 근본적인 통로이다. 농업생산을 발전하는 것은 빈곤지역 대중의 따뜻함과 배부름의 문제를 해결

하는 것이며 빈곤에서 벗어나게 하는 관건이다. 빈곤보조사업의 중점은 빈곤지역의 양곡생산을 첫 번째 우선순위에 두고 다양한 조치를 취하며, 역량을 집중하여 수전을 개조하고 양곡생산을 제고하여 군중의 배부름의 문제를 해결한다.

② 중국의 빈곤보조사업은 빈곤지역의 간부, 대중에 의하여 시종일관하게 열심히 일해야 한다. 빈곤지역은 면모를 개선하려면 국가의 보조와 사회 각계의 도움이 요청되나 중요한 것은 당지의 간부, 대중에 의하여 자력갱생, 간고분투정신을 발양하여 열심히 일하고 분투하여야 외부의 지지가 진정으로 이루어질 수 있다. 빈곤보조의 어려움 극복은 최종적으로 당의 기층조직에 의거하여 대중을 이끌어 열심히 일한다. 기층 당 조직은 견고하고 힘이 있어야 대중을 충분히 동원하고 조직하여 거대한 역량을 발휘할 수 있으며 효율적으로 빈곤상황을 개선할 수 있다.

③ 중앙과 지방에서 지속적으로 빈곤보조의 재정투입을 증가하고 빈곤보조 재정의 효율을 증가하여야 한다. 빈곤지역의 발전이 느린 원인중의 하나는 바로 재정 투자가 불충분하거나 혹은 완전히 투자하지 않았기 때문이다. 정부는 빈곤지역의 재정투자를 빈곤보조의 관건적인 절차로 하며 다방면으로 재정을 모금하고 대빈곤 전략을 실시한다.

빈곤보조재정의 사용에 대하여 정부는 두 개 항목의 기본적인 원칙을 결정하였다. 우선 각종 빈곤보조재정은 집중적으로 따뜻함과 배부름의 문제를 해결하지 못한 빈곤촌, 빈곤가구에 사용하여 빈곤보조재정의 효율을 발휘한다. 다음으로 빈곤조보재정을 군중의 따뜻함과 배부름의 문제를 해결하는 재배업, 양식업과 당지의 농산품을 원료로 한 가공업을 생산하는데 사용하다. 농림축산어업은 군중의 따뜻함과 배부름의 문제를 해결하는 현실적인 방법이다. 재배업, 양식업과 당지의 농산품을 원료로의 가공업은 일반적으로 효율이 높은 항목이며, 이런 항목은 투자가 적고 가가호호에서 할 수 있으며 모두가 이익을 볼 수 있고 빈곤가구로 하여금 빨리 빈곤에서 벗어나게 한다.

④ 빈곤보조사업은 지역에 따라 진행하며 각 지역은 서로 다른 대빈곤전략을 채택하고, 빈곤보조개발은 지속적인 발전원칙을 견지한다. 빈곤지역간의 차이가 크고 빈곤의 원인도 서로 다르다. 각 빈곤지역의 상황을 구체적으로 분석하여 조치를 취하며 증상에 맞게 처방하며, 지역의 실제적인 개발의 방향에 부합하도록 한다. 빈곤지역의 장기적인 낙후의 원인은 주로 지역성이며, 열악한 자연조건과 자원의 결핍에 의해 빈곤이 조성되었다. 일부 지방은 집체의 조직력이 약화와 자금의 부족으로 장기적인 빈곤에 처해 있다. 따라서 지역에 따라 빈곤보조 어려움 극복을 진행하는 것은 대빈곤전략의 관건이다.

⑤ 과학적으로 빈곤을 보조하고 계획출산을 실행하여 빈곤지역 인구의 질을 높인다. 빈곤지역 경제발전의 가장 큰 제한 요소는 인구의 질이 비교적 낮고 문화수준, 경영능력이 경제발전의 수요에 적응하기가 어렵다는 것이다. 빈곤인구가 진정으로 발전 중에서 생존하려면 최종적으로 그들의 교육정도, 신체조건과 노동기능이 향상되어야 한다.

개발식 빈곤보조

노동으로 재해를 막는 것은 개발식 빈곤보조의 중요한 방식이며, 빈곤인구의 단기적인 취업을 통하여 외부환경을 개선하는 것과 빈곤을 완화하는 이중적 목적이 있다. 중국의 수십년의 빈곤보조 과정 중에서 노동으로 재해를 막는 방식을 광범위하게 사용하였으며 빈곤지역의 기초시설과 생산, 생활환경을 개선하는데 중요한 작용을 하였으며 당지의 경제성장을 위해 조건을 창조하는 동시에 빈곤인구의 단기적인 취업 기회와 소득수준을 증대하였다.

중국정부에서는 1984년부터 노동으로 재해를 막는 계획을 실시하며 이미 7차례를 실시하였다. 노동으로 재해를 막는 것은 단순히 금전이나 물건을 주어 생활을 구제하는 방식을 개선하였으며, 직접적으로 농촌빈곤인구에 대해 빈곤보조 효과를 제공하는 원칙으로 빈곤의 완화에 중대한 효과를 가져왔다.

노동으로 재해를 막는 사업의 조직관리는 복잡하고 세밀한 사업이다. 사업의 실시는 국가계획위원회에서 국무원에 계획 실시방안을 제기하여 국무원에서 비준한 후 지방을 조직하여 실시한다. 지방정부는 전문적인 기구를 설치하여 노동으로 재해를 막는 관리 사업을 책임지며 동시에 국가에서 노동으로 재해를 막는 계획에 근거하여 당지의 실제적 상황과 결합하여 구체적인 방안을 제정하고 조직 실행한다.

농촌주민의 오보구조(五保救助)

중국농촌의 오보제도는 지역주민 중 고아, 과부, 병자, 장애인에게 구호를 실시하는 제도이다. 5보의 대상은 삼무(三無), 즉 법정 부양의무자가 없는 경우나 있어도 부양능력이 없는 경우, 노동능력이 없는 경우, 생활능력이 없는 노인이나 장애인, 미성년자이다. 5보 대상자의 선정은 본인의 신청이나 촌민소조(村民小組)의 추천으로 촌민위원회의 심사를 거처 향 정부가 비준하며, 〈오보공양증서〉를 발급한다.

삼무인구에 대한 구제는 집중공양과 분산공양이라는 두 가지 방식에 의하여 이루어진다. 각종 복지시설은 집중공양을 제공하며, 1997년 현재 전국의 집중공양대상자는 53.1만 명이다. 분산공양은 국가와 집체로부터 일정한 구제를 받는데 1997년 현재 농촌의 5보 대상인구는 279.1만 명으로서 이중 국가로부터 보호를 받는 자가 21.8 만명, 집체단위로부터 보호를 받는 자가 200.3만 명이다.

5보의 급여내용은 食, 衣, 住, 醫, 葬(미성년자는 敎育)의 5개 방면을 포함한다. 5보의 제공방식은 향 정부가 경제적 여건에 따라 사회복지시설인 복리원과 경로원을 설치하며, 국가는 기업단위와 군중단체로 하여금 경로원을 설치하도록 권장하고 있다. 5보 제공에 소요되는 비용은 향 정부가 통일적으로 조달하여 부담하며 집체경영의 수입이 있는 경우에는 이윤 중 일정부분을 납부하여 부담한다.

농촌에서 실행한 5보 구조제도는 고아, 과부, 불구 상태에 처해있는 사회성원에게 실시한 구조의 집체복리사업이다. 이 사회구조제도는 제1기 전국인민대표대회 제3차 회의에서 통과한 〈고급농촌생산합작사시범규범〉 과 "1956년~1967년 전국농업발전요강" 중의 관련 규정에 의해 건립되었다. 이 두부의 문건에서 5보 보호제도의 원칙과 5보의 개념 즉 "농민합작사가 사내에서 노동력이 결핍하고 생활을 의지할 수 없는 고아, 과부의 성원에게 통일적으로 계획하고... 생활상에서 적당한 보조를 주어 배부르고 따뜻하고 충분하게 때고 보육하고 장례를 보장하여 그들로 하여금 생활하고 장사하는데 의지할 수 있다"고 명확히 규정하였다. 그리하여 중국의 농업집체화의 과정 중 초보적으로 중국특색이 있는 농촌 5 가지 보호제도를 건립하였다. 이 제도는 중국 농촌에서 40년간 실행하여 기본적으로 법적 계승인 없는, 생활 내원이 없는, 노동력이 없는 노인, 과부, 고아, 심한 불구자의 생활수요를 보장하였다. 당의 11기 3중 전회이후 농촌에서 다중형식의 생산책임제를 실사하며 또한 계획적인 시장경제로부터 시장경제체계로 전환하고 5보 보호제도에 대해서도 개혁과 보완을 진행하였다. 1994년 이붕 총리가 검토한 중화인민공화국 국무원 제141호 영에서 〈농촌 5보 보호공양사업조례〉를 반포하고 반포한 날로부터 집행 실행하여 5가지 보호 공양사업이 새로운 국면에서 법제화의 길로 가게 되었다. 이 조례는 중국특색이 있는 것이며 농촌 과부, 고아, 불구자 등 최하 빈곤자의 권익을 보호하는 법규이다. 이는 중국특색이 있는 5보 공양제도을 보완할 뿐 아니라 사회보장제도의 발전을 촉진하데 중요한 의의가 있다. 중앙법규의 실현과 출현에 따라 각 지방정부와 인대도 지방성의 5가지 보호공양 법규을 반포하여 5보 보호공양제도가 기층까지 더욱 조작성이 강화되었다.

농촌의 5보 보호 공양제도는 5가지 보호조건에 부합된 농촌주민이 먹고 입고 거주하고 치료하고 장례하는 측면에서 경비보장, 실물보조와 생활보조를 제공한다. 5보 보호공양은 농촌의 집체복리사업이다. 농촌의 5가지 보호 공양사업은 향(민족향, 진) 인민정부에서 책임지고 통일적으로 계획하고 배치하고 실시하고 농촌집체경제조직이 5보 보호 공양이 필요한 경비와 실물의 제공을 책임진다. 각급 정부의 민정부문에서 행정구역 내의 5보 보호 공양사업을 주관하고 중국정부가 농촌주민과 사회 각계를 고무, 격려하여 5보 보호 대상에게 도움을 제공한다.

5보 보호 공양대상

5보 보호 대상: 법적으로 부양의무가 없는 사람 혹은 법적의무가 있는 사람이지만 부양능력이 없는 사람, 노동력이 없는 사람, 생활원천이 없는 사람, 장애인과 미성년인이다. 5가지 보호 대상의 확정은 본인이 신청하거나 주민소조에서 제명하여 촌주민위원회에서 심사하고 향(민족향, 진) 인민정부에 보고하여 비준을 받고 "5보 보호공양증서"를 발급받고 또한 그의 서류를 작성한다. 5보 보호 공양인의 상황이 변화가 발생하면 다시 생활원천이 있으면 촌주민위원회에서 심사를 걸쳐 향인민정부에서 비준하여 5보 보호 공양을 정지할 수 있다. 16세가 되어도 학교에서 학습하면 5보 보호공양을 향유할 수 있다.

5보 보호 공양의 내용과 표준

5보 보호공양의 내용은 먹고, 입고, 거주하고, 치료하고, 장례(미성년은 교육을 보장)를 하는 것을 보장하는 제도이다. 그중에서 먹는 것을 보장함에는 식용유, 부식과 연료를 공급하고, 입는 보장에는 복장, 이불 등 용품과 소비비용을 제공하며, 거주를 보장함에는 기본조건에 부합되는 집과 가구를 제공하며, 치료를 보장함에는 병이 있으면 제때에 치료하고 생활에서 자립할 수 없는 자는 도와주며, 장례를 보장함에는 5보 보호대상의 장례를 잘 처리한다. 이밖에도 5보 보호대상은 미성년인데 그들이 합법적으로 의무교육을 받을 수 있게 보장한다. 이렇게 함으로써 5보 보호대상의 모두 보장을 얻을 수 있게 되었다.

5보 보호 공양 경비에는 보호대상의 기본생활비(물, 전기세 포함), 의료비, 장례비, 관리 등 사업인원의 보수와 복리원, 경로원이 필요한 관리비, 수리비, 설비보수비 등이다. 5보 보호공양의 실제표준은 당지 촌주민의 일반생활수준보다 낮지 말아야 하며 5보 보호대상은 대부분이 독거노인이거나 고아, 장애인으로 단독 생활하므로 각 방면의 소비가 비교적 높다. 그러므로 필요한 공양비가 비교적 많다. 경제가 비교적 괜찮은 지구에서 5보 보호대상의 공양수준은 일인당 수준의 2/3보다 낮지 않다. 빈곤지구와 재해 지구에서도 5보 보호가구의 기본생활을 보장하여야 한다.

5보 보호 공양의 형식

5보 보호대상에 대해 당지의 경제조건에 근거하여 집중적으로 공양하거나 분산적으로 공양하는 것으로 실행한다. 비교적 조직영도력과 경제가 비교적 좋은 향(민족향, 진) 인민정부가 적극적으로 조건을 창조하고 집체와 사회역량을 의거하여 다양한 형식으로 다양한 방법으로 자금을 모아 복리원, 경로원을 건립하고 집중적으로 5보 보호대상을 공양한다. 조건이 되는 촌에서도 경로원을 건설할 수 있다. 국가에서는 특히 개인, 기업단위와 군중집체를 제창하여 자선경로원을 건설하고 의무적으로 5보 보호노인을 공양한다. 복리원에서는 민주적으로 관리하고 문명적으로 건설하며 진정으로 공양받는 5보 보호대상으로 하여금 수인으로 느끼게 하며 경로원을 집으로 생각하게 한다. 점진적으로 시설을 개선하고 5보 보호대상을 조직하여 문화오락과 재활활동을 진행한다. 종사인원은 5보 보호대상을 친인으로 간주하고 진심으로 그들을 돌보아 복리원으로 하여금 업무의 양질화, 관리 제도화, 생활 다양화를 실현하여 보호대상자들이 생활의 행복과 안락을 확정한다. 5보 보호대상은 복리원에 자발적으로 입사하고 퇴사도 자발적이다.

복리원에서는 재배업, 어업, 가공업과 서비스업을 건립하여 수입은 보호대상의 생활조건을 개선하는데 이용한다. 그런데 수입은 규정수준에 의해 집체에서의 통일적 모금을 보호대상에게 나누어준 경비와 실물을 제공하는 것으로 대체해서는 안 된다. 복리원의 종사인원은 일반적으로 한명의 인원이 5-7명의 보호대상을 돌보는 비례에 의해 배치하며 복리원에 입사한 보호대상중 생활이 완전히 자립할 수 없는 자는 정황에 의해 적당히 인원을 증가할 수 있다. 복리원 인원이 관리사무에 참여하는 자의 보수는 촌간부표준에 의해 결정된다. 간호 등 업무에 종사하는 자의 보수는 당지 노동력 당해 평균수입수준에 의해 결정하여 제때에 발급한다. 분산 공양을 실행하며 향, 진, 촌에서의 모금과 공익금으로 공양하는 주체로 향(민족향, 진) 인민정부 혹은 촌 주민위원회, 위탁한 부양인과 5보 보호대상의 삼자 간에 5보 보호공양협약을 체결하고 공양경비와 실물은 규정에 의해 제때에 제공한다. 소수 빈곤한 지구에서는 맡아서 공양하고 친척이 공양하는 형식을 취할 수 있다. 그러나 어떠한 형식을 취하든간에 각 방면에서 협약을 체결하여 5보 공양규정의 내용과 표준에 의해 공양한다는 것을 확보하여야 한다.

5보 보호 대상의 재산처리와 감독관리

5보 보호대상의 개인재산은 개인이 계속으로 사용할 수 있으며 그러나 독자적으로 처리할 수 없으며 대리 관리하는 재산은 농촌집체경제조직에서 대신 관리한다. 5보 보호대상이 사망 후 중국 "상속법"의 관련 규정에 의해 재산 상속을 향유하는 권리와 의무가 일치성이 있으며 그 재산을 처리하는 기본원칙은 누가 부양하면 재산을 누구 소유할 수 있으며 또한 재산을 계승을 할 수 있다. 집체가 공양하면 재산은 집체에게 속하며 개인이 완전히 공양하면 재산은 개인이 계승하며 집체와 개인이 함께 공양하면 재산과 유산은 협상하여 분할한다. 복리원에서 집중적으로 공양하면 원내 유산은 원에 속하며 유산은 공양을 책임지는 집체에게 속한다. 공양협의를 작성한 후 5보 보호공양을 실행한 동시에 재산과 유산의 처리방법을 규정하여 생각지 않은 재산분쟁의 발생을 예방할 수 있다.

5보 보호공양처치

5보 보호공양이 필요한 경비와 실물은 규정에 의해 촌에서 제출하거나 향에서 모금한다. 집체경영의 지방에서는 집체경영의 수입, 집체기업에서 납부한 이윤 중에서 모금한다. 5보 보호공양의 경비와 실물은 향(민족향, 진)에서 통일적으로 모금하고 농촌경제경영관리기구에서 모금한 것은 향(민족향, 진) 민정판공실에 맞게 통일적으로 관리한다. 5보 보호공양 경비와 실물에 대해 엄격한 관리제도를 건립해야 하며 충족하게 제때에 발급하고 향진인민정부와 상급주관부문의 감독검사를 받는다.

향진정부는 복리원의 건설에 대해 강화를 실시하고 가까운 곳에 복리원의 기지를 건설하고 복리원을 부축하여 생산경영활동을 전개하고 보호대상의 공양수준을 제고한다. 복리원의 생산경영항목은 국가유관규정에 의해 세금의 징수를 감면하고 복리원 비영업운영차량에 대해 양로비를 절반감면하고 복리원과 분산공양하는 5보 보호대상의 물, 전기세는 당지의 최저가격에 의해 징수하며 보호대상의 병문진은 문진비를 감면하고 진찰비를 상황에 따라 감면하며 보호대상의 학생은 학잡비, 집체적으로 모금비를 감면하고 우선적으로 학비보조금의 대우를 받는다.

소수 빈곤한 촌의 5보 보호대상은 농촌집체경제조직의 공양이 확실히 곤란하면 현급 인민정부에서 마땅히 적당한 보조를 하여야 한다. 재해구와 빈곤지구의 각급인민정부에서 구조경비와 실물을 배치할 때 우선적으로 보호대상을 우대하고 그들의 생활을 보장하여야 한다. 현재 전국에는 27만의 보호대상이 정기적으로 정량적으로 구조를 받고 있으며 매년 6,355만 위안을 지불하고 있으며 매년에도 100만이 넘는 보호대상이 임시적으로 구조를 받고 있다. 이것은 국가가 5보 보호사업의 중시와 보호대상에 대한 관심과 배려를 엿볼 수 있다. 농촌집체 경제조직은 보호대상에 대해 규정대로 하지 않으면 보호대상이 공양요구를 제출할 권리가 있으며 현급 인민정부 민정부에서 마땅히 농촌집체경제조직을 독촉하여 기한 내에 교정하여야 한다.

5보 보호 공양사업의 장려와 처벌

① 장려. "농촌5보 보호공양사업조례"를 열심히 집행하여 5보 보호사업 중에서 두드러진 성적이 있는 단위와 개인, 보호대상을 공양하고 적극적으로 모금하고 실물을 기여하며 실적이 탁월한 개인과 단위에 대해 각급 인민정부에서는 표창과 장려를 하여야 한다.

② 처벌. "농촌5보 보호공양사업조례"를 위반한데 대해 아래의 상황이 있을 때 주관부분 혹은 조직에서 사태의 엄중성에 따라 직접책임자와 주관인원에 대해 비평교육, 행정처벌을 가하고 범죄를 구성하는 것은 사법기관에서 법에 따라 형사책임을 추궁한다 : 5보 보호공양조약에 부합되나 규정에 의해 공양하지 않거나 보호대상에 대해 학대를 가하거나 보호대상의 합법적인 권익을 침범하거나 보호대상의 실물에 대해 탐오, 남용, 채무하거나 보호대상과 복리원의 재산을 침범하거나 사업실책, 직권남용으로 보호대상이 유랑, 구걸하거나 엄중한 결과를 초래하거나 보호공양협의에 의해 부양의무가 있지만 보호대상을 거절하거나 협의에 의하지 않는 자.

1990년대초에 5보 보호대상이 272만 명이 있고 220만 명은 분산공양을 하고 있으며 총수의 81%를 차지한다. 57%의 농촌향진에서는 복리원, 경로원을 건설하였는데 총 39,071개의 건물이 있으며 집체공양의 보호공양대상이 무려 52만 명, 19%를 차지한다. 농촌의 광대한 5보 보호공양제도는 농촌의 사회개혁 중에서 지속적으로 발전하고 있다.

공공부조 개혁의 성과

개혁개방 이후 공공부조의 핵심적 개혁과제는 도시지역에서의 기업의 구조조정과 실업으로 인한 빈곤의 발생, 농촌지역에서는 가정도급책임제의 실행에 따른 공동체 방식의 상호부조의 붕괴로 인한 새로운 빈곤의 발생에 대하여 대응하는 것이었다. 국무원의 정책주도와 당-정협력의 정책이 새로운 제도와 입법을 형성하였고 시범사업을 통하여 점진적으로 확대되었다. 적용대상은 1999년 도시에서부터 시작하여 2007년 농촌지역으로 점진적으로 확대되었다.

사회복지서비스

중국의 사회복지사업은 국가와 사회가 생활이 어려워 곤란에 빠진 사람들을 위해 복리를 제공하는 사업이며 구체적으로 노인복지사업, 아동복시사업, 장애인복지사업을 포함한다. 사회주의시장경제체제 건립의 기초 위에서 사회복지사업은 국가에서 투자하는 것과 정책의 보조 하에 사회 각 방면의 역량을 동원하며 사회복지사업의 내재적인 동력을 가동하는 것으로 이루어지며, 사회적 안정과 약자를 보조하는 작용을 수행한다.

노인복지사업

중국에서는 경제사회발전에 따라 인민의 생활수준이 향상되고 인구의 평균수명이 연장되었으며, 1970년대 이래 비교적 엄격한 산아제한정책을 실행하여 출산율이 낮아져 비교적 빠르게 노령화사회에 진입하게 되어 노인복지사업의 발전은 절박한 실정이다. 노인을 위해 서비스를 제공하는 복지시설로는 경로원, 양로원, 노인아파트, 복리원이 있으며 집이 없고 의거할 곳이 없으며 생활수단이 없는 혼자 사는 노인을 수용하며, 조건이 되는 노인원에서는 자비로 수용하는데 단위와 친척이 부담되는 노인을 수용한다. 현재 80%의 향진에는 경로원이 있으며 도시에는 지역지구, 가도를 단위로 한 그룹홈 형태의 양로기구를 건립하였다.

1980년대 이래 각지에서 모두 노인을 위해 문화오락성 서비스기구를 건립하였는데, 예를 들면 노인대학, 노인활동센터, 노인문화장소 등 정신활동장소가 있으며 노인을 위해 정신생활보장을 제공하였다. 이런 기구들은 일반적으로 군중이 건립하고 사회가 보조하며 지역사회 단위로 모든 노인에 대해 개방을 하며 노인은 자신의 신체상황과 취미에 근거하여 서비스를 선택할 수 있다. 이런 기구의 건립은 노인의 야외생활을 풍부하게 하였으며 노인과 사회의 연계를 유지하였다. 특히 노인대학의 형식은 광범한 노인의 환영을 받았으며 가장 중국특색이 있는 노인복지사업으로 되었다.

아동복지사업

중국의 아동복지사업은 정부에서 주최하고 민정부문에서 아동복지시설을 관리하며 도시에서 의거할 곳이 없거나 생활수단이 없는 고아, 기아와 장애아동을 수용한다. 아동복지시설의 운영방침은 "부양, 관리, 교육"의 상호결합으로서, 즉 영유아의 보양을 위조로 부양하는 기초 상에서 학령전 교육을 하여 심신건강이 건전하게 성장하게 하며 지력이 정상이고 지체가 장애 아동의 부양, 관리, 교육을 상호 결합함과 동시에 다양한 형식의 재활활동을 진행하여 장애정도를 감소하고 문화지식을 증가하며 지력이 심하게 떨어지는 아이는 인도주의 원칙 하에 장기적으로 부양한다.

천진, 연태, 기기, 할빈, 남창 등에서는 SOS어린이마을을 건립하였다. SOS

어린이마을은 고아를 보호하는 국제적 사회복지시설이다. 아동촌은 가정의 단위를 모색하였으며 일반적으로 15-20가구 "인가"로 조성되며, 각 가구는 한명의 보모를 중심으로 대략 20명의 서로 다른 연령의 고아로 조성되며 그들은 한 가정의 형제자매로 되어 그들이 독립할 때까지 함께 생활한다. 중국의 최초 SOS아동촌은 1981년에 천진에서 건립하여 백여명의 아동을 수용하였으며 17개의 가정을 건립하였다. 후에 각지에서 SOS아동촌을 건립하게 되어, 아동으로 하여금 물질적 보살핌을 받을 뿐만 아니라 정신적 서비스가 있어 아동이 건강하게 성장하는데 매우 유익하다.

장애인복지사업

중국에는 장애인이 5,000만 명 이상으로, 총인구의 약5%를 차지한다. 장애인사회보장은 장애를 지닌 공민을 보장하는 것이며 연로, 질병, 노동력의 결핍, 퇴직, 실업, 실학 등 상황 하에서 국가와 사회로부터 충족한 물질의 도움을 받기 위해 수립한 특정 보호법의 원조제도이다. 1990년 12월에 〈중화인민공화국장애인보장법〉을 통과되었으며 법률의 형식으로 장애인의 재활, 교육, 노동취업, 문화생활, 복지 등의 권익을 보장한다. 중국정부에서는 1988년에 중국장애인연합회를 비준, 성립하였으며, 이는 전국 각 유형의 장애인의 공통이익을 대표하며 장애인의 합법적인 권익을 수호하고 장애인을 위해 서비스를 제공하고 정부위탁의 임무를 책임지며, 사회역량을 동원하며 장애인복지사업을 발전시킨다.

그리고 국가에서는 "85", "95" 장애인사업발전계획을 제정하였다. 이런 계획의 실행을 통하여 장애인의 보장수준은 비교적 높아졌다. "85"기간에 100만 명의 장애인이 재활을 받게 되었고, 장애아동의 입학률이 60%에 달하였으며, 전국에는 5만개의 장애인을 위한 복지기업이 있으며 70만명의 장애인이 취업하고 60%이상의 농촌 장애인이 생산노동에 참여하였다. 국가에서는 노동력이 없거나, 법정부양인이 없거나 생활수단이 없는 장애인에 대해 규정에 의해 공양, 구제를 한다. 정부에서는 복리원을 건설하여 부분적인 장애인을 수용 부양하고 점차적으로 그들의 생활을 개선한다. 공공서비스기구는 장애인을 위해 서비스를 제공한다. 장애인이 교통수단을 이용하면 편의와 도움을 제공하며, 필수의 보조기구는 무료로 지니게 한다. 시각장애인은 무료로 시내버스, 전차, 지하철, 배를 탈 수 있으며, 시각장애인 간행물을 무료로 우편배달을 한다.

사회복지시설과 서비스

사회적 취약계층에게 제공하는 사회복지서비스는 개혁개방 이후 큰 발전을 가져왔다. 각종 우대정책 하에 복리기업은 비교적 큰 발전을 가져왔다. 그러나 광대한 인구의 사회복지욕구에 비하면 아직 거리가 있으며 사회복지가 닿는 면이 아직도 적으며 보호의 수준도 낮고 복지서비스업의 수준도 낙후하다. 사회주의시장경제 발전의 기초 위에서 사회복지시설은 낡은 시설을 개조하고 서비스의 질과 기능을 높이는 것이 필요하다.

사회복지시설은 부양의무자가 없거나 노동능력이 없는 삼무(三無) 인구를 위한 집중공양을 제공하는 방식이다. 2015년 현재 중국의 사회서비스와 사회복지시설의 현황은 다음 〈표 15〉와 같다. 2015년 현재 사회복지주거시설은 31,187개이며, 비주거시설은 382,185개로 나타나고 있다. 기타 사회서비스 관련 시설은 134만 9,554개로 기록되고 있다.

<표 15> 사회서비스 현황(2015년)

구분	시설 수(개)	직원 수(만 명)
사회서비스	1,765,004	1,309.0
사회복지시설	413,372	282.1
사회복지주거시설	31,187	38.5
노인복지시설	27,752	31.8
사회복지병원	151	1.4
퇴역군인정신병원	91	1.1
아동복지시설	478	1.2
청소년보호시설	275	0.2
생활무의탁인구조시설	1,766	1.7
배치농장	15	0.1
군인제공시설	320	0.5
기타 주거시설	339	0.5
사회복지비주거시설	382,185	243.5
기타 사회서비스	1,349,554	1,025.2

자료: 중국통계연감, 2016. p.727

Chapter 9

사회보장개혁과 중국몽의 전망

사회보장 개혁에 영향을 미친 요인
체제전환의 다른 국가와의 비교
'중국특색' 사회보장의 문제
21세기 '중국몽'의 전망

9

사회보장개혁과 중국몽의 전망

사회보장 개혁에 영향을 미친 요인

중국의 사회보장을 지난 40년간의 개혁의 과정을 통하여 분석해 볼 때, 사회보장의 개혁은 경제개발과 정치적 안정을 강조한 국가목표와 사회경제적 변화에 의하여 영향을 받았음을 알 수 있다. 사회경제적 요인으로는 시장경제체계로의 체제전환에 따른 국영기업의 변화와 새로운 형태의 고용, 실업의 증가, 도시화와 노인인구의 증가 등이 시장경제체계에 적합한 새로운 사회보장체계의 형성을 기여한 것으로 보인다. 21세기 중국의 사회보장의 방향을 전망함에 앞서 우선 여기에서는 중국의 사회보장개혁에 영향을 미친 요인을 분석해본다.

중국의 사회보장 개혁에 미친 영향중 가장 우선적인 요인은 정부의 정치,

경제적 목표일 것이다. 경제개혁 이전의 사회보장이 계급투쟁을 우선하는 사회주의 이념의 영향을 받았던 것에 비하면, 경제개혁 이후에는 경제개발과 정치사회적 안정이란 국가목표의 영향을 받았다. 최근에는 국가발전의 목표로서 중국몽의 샤오캉사회와 다퉁사회 건설의 목표가 강조되었고, 과학적 발전의 개념이 강조되고 있는 바, 중국의 현 단계 경제발전 수준에 적합한 포괄적이고 지속가능한 사회보장체계의 개혁과 심화발전이 요청되고 있다.

국가발전 목표

중국은 21세기 내에 중국몽을 향한 현대화된 강력한 국가건설을 목표로 하여 국가주도의 경제개발을 추진하고 있다. 따라서 경제성장은 개혁 이후 최우선의 국가적 전략이다. 사회보장의 기본적 원칙에 있어서도 효율이 분배정의에 우선하여 왔다. 우선 효율을 우선으로 하되 공평의 원칙을 겸하며, 노동자의 개인보수는 경쟁체제를 도입하고, 평균주의를 타파하며, 다노동다수입(多勞多得)과 합리적 소득격차를 인정하였다. 또한 다층적 사회보장체계의 도입은 시장경제 도입에 따른 기업과 사업단위의 개혁을 심화시킴으로써 사회주의시장경제체제의 건립에 중대한 의의를 갖는 것으로 인식되었다. 사회보장 수준은 국가경제의 생산력 수준과 사회 각 방면의 부담능력에 적응하여야 한다는 것이 원칙으로 제시되었다. 시장경제체계와 긴밀한 관련을 가진 사회보험으로서 양로보험, 의료보험, 실업보험제도를 중점적으로 완비하여, 복지의 사회화를 강화함으로써 기업부담을 경감하고, 기업조직의 구조조정을 촉진하여 기업의 수익과 경쟁능력을 제고하도록 하였다.

정치사회적 요인

중국의 정치지도부에 있어 정치사회적 안정은 경제적 효율에 못지않은 중요성을 지니고 있다. 개혁과정에서 초기에 정치개혁과 정치적 민주화에 대한 기대와 움직임이 있었으나 천안문 사태 이후 이러한 정치개혁은 중단되었으며, 정치사회적 안정이 다시 강조되었다.

중국특색의 사회주의 건설을 제기한 1982년 12차 당대회 이후 중국에서는 정치개혁의 당위성과 방향에 관한 논의가 활발하게 전개되었다. 1980년대 중반까지 정치개혁논의는 정치체제개혁의 우선적 추진을 주장한 적극론과 정치체제개혁의 전제조건을 강조한 신중론으로 구별할 수 있다. 적극론자들은 정치체제 개혁의 목표를 민주적 정치체제와 과학적 정책결정체계를 수립하는 것으로 규정하였다. 중국정치체제는 고도의 권력집중을 기본적인 특징으로 하기 때문에 정치체제개혁의 핵심적인 과제는 과도한 권력집중을 해결하는 것, 즉 분권과 권력제한이라고 주장하였다. 그러나 정치개혁의 신중론자, 이른바 신권위주의자들은 시장경제로의 개혁과 정치민주화라는 목표에는 동의하지만 현실적으로 그를 추진하기 위한 안정과 질서를 보장하는 권위주의 체제가 필요하다고 주장하였다. 이러한 주장은 이론적으로 근대화추진을 위한 후견민주주의를 강조한 쉴즈나 정치발전에 있어 안정과 질서, 그리고 권위와 제도화를 강조한 헌팅턴의 영향, 그리고 실제적으로 아시아 신흥공업국가들의 국가발전모델에서 시사를 받고 있었다. 민주파는 민주정치가 시장개혁과 경제발전의 원동력이 될 수 있다고 본 반면, 신권위주의는 집권정치의 신권위가 시장체제로의 개혁을 가능하게 한다고 보았다. 그러나 1989년의 천안문사태, 1990년대초 소련과 동유럽사회주의체제의 붕괴 등 격동적인 정치상황 속에서 중국의 정치개혁 논의는 중단되었다. 1990년대 이후 중국의 정치학자들은 중국의 국가의 현실적 조건을 고려하는 정치발전의 원칙과 정치적 안정이 전개되는 점진적인 개혁을 강조하였다. 중국의 지역적 특색을 강조하는 정책수립은 대부분의 국가정책에서 동일하게 반영되었다.

사회보장의 개혁에 있어서도 이러한 정치사회적 안정이 중요한 고려요인이 되었다. 경제성장과 효율을 우선하는 발전전략과 정치사회적 안정 간의 균형을 유지하는 선에서 사회보장의 개혁과 수준이 결정되고 있다.

사회경제적 요인

사회보장개혁에 영향을 미친 또 다른 요인으로는 사회경제적 변동과 관련되어 있다. 지속적인 경제성장은 사회보장제도를 형성하는 건전한 물리적 환경기반으로서 강조되었다. 국영기업과 집단소유기업에서 사영기업과 외국투자기업 등 다양한 소유형태의 경제구조를 정착시키고 기업간의 노동유동성을 가능하게 하기 위해서는 통일된 사회보장제도가 필수적인 것으로 인식되었다. 국영기업의 부실과 구조조정에 따른 실업의 증가, 경제성장과 함께 급속하게 증가하는 인구노령화, 소득격차에 따른 빈곤인구의 증가도 이에 대한 사회보장체계의 수립을 촉구하는 요인이 되었다.

국제적 요인

중국과 같이 시장경제로의 체제전환을 경험한 동유럽 국가들에게는 경제개혁에 재정적인 원조가 주로 국제금융기관들에 의하여 이루어졌다. IMF, World Bank 등 국제금융기구들은 사회안전망의 구축에서 시장경제의 효율성을 강화하는 방향으로 압력을 행사하였다. 이러한 압력 하에서 각국 정부는 소득보장의 급여대상과 급여기간을 단축하고 임금대체율을 낮추게 되었다. 또한 자유주의시장경제의 가치를 기초로 하는 세계화와 신자유주의 복지국가의 개혁 흐름 속에서 동유럽에서 사회정책의 방향은 복지의 전면적 억제와 사회적 보호의 표적화로 특징지어졌다.

반면에 중국의 경제개혁에 대한 재정적인 지원과 투자는 주로 동아시아 지역의 화교자본과 인접 동아시아국가들에 의하여 이루어졌다. 따라서 국제금융기구에 의한 사회안전망 구축에 관한 압력은 상대적으로 미미하였다. 물론 중국에서도 사회보장체계의 개혁에서 유럽복지국가들의 경험을 비롯한 다양한 모델들이 검토되었다. 어떠한 특정 모델도 중국의 상황에 적합한 모델은 없는 것으로 보았으며, 새로운 모델은 중국의 특수한 상황을 반영하여야 하며, 외국의 경험은 선택적으로 조심스럽게 도입되어야 한다고 보았다(White, 1998).

체제전환의 다른 국가와의 비교

중국의 사회보장 개혁을 평가함에는 시장경제체계로의 체제전환을 경험한 동유럽국가와 비교하여 보면, 유사한 점과 차이점이 나타나고 있다.

동유럽 국가 체제전환의 경험

동유럽 국가들의 전환기 사회보장정책의 주요 이슈는 사회보장체계의 변화와 급여수준, 구체제의 기득권 문제, 재정부족의 문제 등이었다(Daecon, 1993: 167-170).

첫째, 사회보장 체계변화

공산주의체제의 유산은 체제개혁에 의하여 극복되어야 할 매우 민감한 문제들을 남겨두었다. 그중 중요한 것은 사회주의의 보편주의 원리에 기초한 사회보장 체계의 개혁과 질병수당이나 가족수당 등 상대적으로 매우 높은 일부 급여체계이다. 이 문제는 체제전환기의 높은 인플레이션과 물가상승에 의하여 급여수준이 상대적으로 낮아짐으로써 어느 정도 완화되었다. 이에 따라 체코와 폴란드에서는 가족수당을 소득조사에 의하여 제공하도록 조치하였다. 이와 같은 사회주의적 보편주의의 후퇴는 기존의 원칙으로부터의 이탈이었다. 여러 가지 이유에 의하여 동유럽국가에서는 사회보험과 사회부조를 포함하는 베버리지 방식의 사회보장제도가 바람직한 것으로 인식되었으며, 사회보장 개혁의 주요 과제가 되었다.

둘째, 재성문제

포스트 공산주의 국가에서 사회보장의 재정문제는 사회개혁의 운명을 결정할 만큼 중요한 정책과제이다. 고용주와 피용자의 기여금에 기초한 사회보험 방식으로의 재정 전환은 여러 가지 문제를 제기하게 된다. 사회보험의 기여방식 자체는 문제가 없으며, 역사적으로 경제적 자유화에 가장 앞서 나갔던 헝가리에서는 이전의 체제에서 이미 이러한 방식을 채택하였다. 체제전환 과정에서의 어려움은 조세제도와의 균형을 수립하고 필요한 행정체제를 설립하는 일이다. 그리고 중요한 과제는 발전된 시장경제의 경험이 없는 상황에서 사회보험제도가 정상적으로 운영될 수 있는가 하는 점이다. 기여금이 충분히 갹출되지 않으면 독립적인 운영기관의 설립도 어렵게 된다. 국가재정으로부터 사회보험재정으로의 전환에 관한 여러 가지 어려움이 동유럽국가의 사례에서 보고되었다. 기여금에 기초하는 사회보장행정의 어려움은 재정의 부족에 있다. 생산의 감소와 실업이 급증하는 경제위기의 상황에서 사회보장 급여액의 증가와 함께, 퇴출되는 기업과 기여금을 부담하지 못하는 기업으로부터의 기여금 수입의 감소가 문제가 된다. 이러한 문제는 경제체제전환의 과정에서 불가피한 현상이었다. 기업이 사회보장의 법적 부담금을 납부하지 못하는 것은 동유럽만의 새로운 현상이 아니며 개발도상국가에서도 종종 발생하는 딜레마이다. 부담능력이 없는 기업에게 법적 부담금을 강요함으로써 기업 퇴출을 초래한다면 사회전체의 유익에도 기여하지 못할 것이다. 사회보장이 어떤 재정방식을 택하더라도 정상적으로 작동하는 국가경제의 뒷받침이 없으면 재원의 조달이 어려워질 것이다. 동유럽의 경제가 시장경제의 정상궤도에 진입하기까지는 이러한 어려운 상황이 지속되었다.

셋째, 기득권의 문제

구체제 하에 존재하였던 기존의 보상과 특권의 체계를 없애는 일의 어려움은 동유럽 국가들의 사회보장 개혁의 주요 장애요인이 되었다. 포스트 공산주의 체제전환의 사회적 분위기에서 일차적으로 당 관료와 고위 공무원에게 지급하던 개인연금을 폐지할 때에는 큰 어려움이 없었으나 일반 수급자들이 그들의 권리가 위협받을 때에는 상황이 급변하였다. 체코슬로바키아에서는 특별우대노동의 범주를 폐지한다는 발표가 있자 곧 광산노동자들의 파업위협이 제기되었다. 기존의 연금수급권을 전환기인 2016년까지 보장한다는 공식적인 보장에 의하여 소요가 가라앉았다. 폴란드에서는 1991년 연금의 재평가에 관한 법을 도입하여 일정한 직업집단의 이익을 감소시키게 되었는데, 이는 곧 헌법제소를 가져왔으며, 의회는 사회보장지출을 인상하는 권고안을 승인하였다. 1992년에는 체코슬로바키아에서도 이와 유사한 제소가 있었다. 이러한 현상은 구체제에서 획득한 특권을 폐지하려는 어떠한 시도도 관련 인구집단에 의하여 강한 저항에 직면하게 된다는 사실을 보여주었다.

중국의 경험

중국의 사회보장 개혁과정에서도 위와 같은 문제들은 동일하게 제기되고 있다. 유사한 점으로는 다음과 같은 요인이 분석된다.

첫째, 사회보장의 체계변화와 급여수준의 저하가 나타나고 있다. 시장경제의 도입으로 사회보장에서 사회주의 방식에서 베버리지 방식으로의 전환이 이루어지고 있다. 과거의 국가와 기업(국영기업과 집체기업) 책임방식으로부터 본인부담이 강화되고 급여수준이 낮아졌다. 양로보험의 경우, 보험료율이 3%에서 8% 수준으로 높아지고 있고, 퇴직연금수준은 종전에는 소득의 85%에 달하였으나 개혁이후 60% 정도로 감소하고 있다. 의료보장에서는 공비 의료보장에서 기업과 본인부담의 의료보험으로 개혁되는 과정에서 보험료율이 1%에서 5%로 높아졌으며, 진료비와 약제비등의 본인부담이 증가하였다.

둘째, 경제개혁과정에서 사회보장의 재정부담은 국영기업의 적자요인이 되고, 기여금에 기초한 사회보험 방식으로의 전환에서도 퇴출되는 기업과 기여금을 부담하지 못하는 기업으로부터의 기여금 수입의 감소가 문제가 되고 있다.

셋째, 사회보장에 대한 기득권의 문제는 중국에서 심각하게 제기되지는 않았으나 퇴직연금수준의 감소, 인민공사의 폐지에 따른 농촌 사회보장체계의 붕괴로 농촌주민들의 불만이 증대하고 있다.

한편, 중국 사회보장개혁의 독특한 특성으로는 다음과 같은 문제가 나타나고 있다.

첫째, 중국은 시장경제체계에로의 변화를 추진하되 중국공산당의 지배구조와 사회주의 이념을 공식적으로는 포기하지 않고 국영기업을 기본으로 한 공유제의 틀을 변화시키지 않고 있다. 그러나 중국 경제개혁의 가장 큰 과제는 공유제에 기초한 국영기업 개혁이며 국영기업을 개혁하기 위해서는 사회보장의 개혁과 순조로운 운영이 필연적으로 수반되어야 한다. 사회보장의 부담은 국영기업 재정적자의 근본적인 원인이 되었으며, 시아장 해직 인원은 직장의 일선을 떠났지만 기업으로부터 여전히 사회보장 혜택을 누리고 있고, 국영기업의 잉여고용 인원도 직장을 떠나려 하지 않고 있어 국영기업 개혁의 걸림돌이 되고 있다. 따라서 사회보장개혁을 촉진하여 국영기업과 사영기업 등 다양한 형태의 민간기업에 동일하게 적용되는 통일된 사회보장제도의 기반을 마련하고 적용을 확대하는 것이 효율적인 국영기업 개혁을 추진하기 위한 전제조건이 되었다.

둘째, 중국의 사회보장개혁은 실험주의와 점진주의를 특징으로 한다. 동유럽의 개혁이 비교적 짧은 기간에 급진적으로 개혁이 이루어진 반면, 중국의 개혁은 장기간에 걸처 점진적으로 이루어지고 있다. 이러한 점진적 개혁을 가져온 요인으로는 국토의 광대함, 지역간 경제적 환경과 소득수준의 차이, 중국민족 특유의 민족성 등이 작용하는 것으로 보인다.

따라서 사회보장개혁은 요녕성, 흑룡강성, 길림성 등 일부 지역의 사회보장 시범사업을 기초로 각 지역의 특성에 기초한 점진적인 확대방식을 취하고 그 성과를 기초로 전국적이고 중장기적인 계획을 수립하여 추진하고 있다. 이것은 경제개혁의 성과가 연해지역을 중심으로 이루어지고 내륙지역과의 상당한 격차가 존재하는 점에 비추어 사회보장개혁도 경제개혁의 성과에 따라 점진적으로 추진되고 있다. 사회보장개혁은 경제개혁의 성과가 현저하게 나타난 1990년대 이후에 본격적으로 추진되고 있으나 적용범위가 제한되어 있고, 급여의 수준이 낮고 관리체계가 미흡하며 통일성이 결여되어 있다. 경제개혁 이후 중국사회보장개혁은 이미 20여년 이상의 경험을 갖고 있으나 아직 초보적인 단계이다. 도시양로보험과 실업보험은 시범사업을 거쳐 실천방안이 마련되었다. 그러나 아직 적용범위가 좁고 제도의 운영체계도 불완전하다. 도시근로자의료보험과 산재보험, 도시최저생활보장제도는 시범사업단계에 놓여있고, 농촌양로보험과 합작의료제도도 이제 출발하는 단계이다.

셋째, 중국의 사회보장은 도시와 농촌을 구분한 별도의 사회보장체계를 발전시키고 있다. 농촌양로보험과 도시양로보험의 체계가 구분되어 있으며, 도시의료보험과 농촌의료보험의 방식이 명백하게 구분되어 있다. 농촌의 양로보험은 이제 시작단계로서 주로 개인과 가정보장에 의존하고 의료보장은 새로운 합작의료제도가 시행된 지역이 20%미만에 머무르고 있어 대다수 농민은 주요 사회보장제도에서 제외되어 있는 실정이다.

이러한 시점에서 중국의 사회보장은 계획경제에서 시장경제로의 변화에 적응한 새로운 통일된 사회보장제도의 형성, 사회보장 급여의 수준향상, 사회보장 관리운영의 효율성, 농촌사회보장의 문제 해결과 같은 어려운 문제와 중국의 현실에 적합한 제도 발전이라는 과제를 안고 있다.

'중국특색' 사회보장의 문제

'중국특색'을 강조하는 정책수립은 중국의 국가이념 뿐 아니라 대부분의 국가정책에서 동일하게 반영되었다. 사회보장개혁에서도 중국특색을 지닌 사회보장의 수립이 강조되었음을 물론이다. 동유럽에서는 사회주의 체제붕괴 이후 대체로 충격요법에 의하여 시장경제가 급속하게 도입되었고 서구적 사회보장이 비교적 단기간에 형성된 과정에 비추어 보면, 중국은 독특한 사회주의시장경제의 개혁 방식과 함께 사회보장 개혁에서도 중국특색을 강조하면서 비교적 장기간에 걸쳐 점진적으로 추진하고 있다. 중국특색의 사회보장제도는 중국의 정치체계, 지정학적 요인과 문화적 특성을 배경으로 사회주의시장경제의 발전에 적응하고, 생산력 발전을 촉진하는 사회보장체계의 건립을 추구하는 중국 나름의 독특한 특성을 강조한 것으로 볼 수 있다.

그러나 복지국가의 모형으로서 중국 특색의 사회보장이 의미하는 바에 관하여는 많은 논의가 요구된다. 중국의 사회보장은 어떠한 복지국가모형에 포함될 수 있는가? 서구의 복지국가모형은 다양한 유형에 관한 이론적, 경험적 연구가 이루어지고 있고, 지난 세기말 사회주의 체제로부터 시장경제체계로 전환을 경험한 동유럽의 국가들에 대하여도 유형별 분석이 이루어지고 있다. Daecon(1992)은 Esping-Anderson(1990)의 복지국가 유형에 관한 3분법적 분류 방법을 적용하여 동유럽의 새로운 복지체제의 전망을 분석한 바 있다. 이 연구에서 그는 동독(독일), 폴란드, 슬로베니아를 보수적 조합주의 모형, 체코와 헝가리를 자유자본주의 모형, 슬로베니아를 사회민주주의 모형으로 분류하였다(오정수, 정연택, 1999: 327).

그러나 Jones(1993: 214)의 분석에 의하면, 이러한 분류방식은 서구복지국가를 중심으로 이루어진 것이어서 중국을 비롯한 동아시아 복지국가에는 적용될 수 없음을 지적하고 있다. 첫째, 동아시아 국가는 사회적 지시(social direction) 수준이 높은 반면, 개인의 권리의식은 낮기 때문에 자유자본주의 모형에 속하지 않는다는 것이다. 둘째, 이들 국가들의 잔여적 복지이념에 비추어 사회민주주의 모형에 속하지 않는다. 셋째, 이들 국가들은 중산계층의 열망에 부응하는 충분한 지위-보상적 법정복지가 결여되어 있기 때문에 보수적 조합주의 모형에 속하지 않는다는 것이다. 그에 의하면, 이들 국가들은 다음과 같은 특징들을 지니고 있다. 서구적 유형의 노동자 참여의 결여, 교회가 없는 사회적 연대, 평등이 없는 사회적 연대, 자유주의가 없는 자유방임 등이 그것이다. 따라서 한국, 일본, 대만, 싱가포르, 중국 등 동아시아 복지체제의 분석을 위해서는 새로운 전제와 복지모형이 요구된다. 이러한 관점에서 Jones(1993)는 유교적 복지국가(Confucian welfare state), 가정경제 복지국가(household welfare state), Goodman과 White(1998)는 동아시아 복지국가(East Asian welfare state) 등의 명칭을 부여하고 있다. 최근에는 정치적 접근방법으로 동아시아 국가의 복지체제를 분석한 Aspalter(2001)는 이들 동아시아 국가들을 보수적 복지국가(Conservative welfare state)라고 명하고 있다.

그러면 중국의 새로운 사회보장체계는 동아시아 복지국가들의 유형에 속할 수 있는가? 이 점에 관하여 White(1998)는 중국의 새로운 복지체계가 동아시아 인접국가들과 강한 수렴(convergence)의 관계에 있다고 주장하였다. 특히 중국은 다음과 같은 점에서 발전국가(developmental statism)의 특성을 지니고 있다(White, 1998: 186-88). 첫째, 사회보험은 기여에 기초한 적립기금의 운영을 선호하는 특성을 갖고 있다. 둘째, 정부기관이 복지기금의 관리운용에 직접적인 역할을 수행한다. 셋째, 각급 중국정부는 복지기금에 의하여 조성된 자금을 인프라에 투자한다. 넷째, 사회보험이 특정 사회집단과 부문들간에 명백한 분리 현상이 존재한다. 다섯째, 사회보험과 사회부조간에는 명백한 분리현상이 있다. 여섯째, 복지에 대한 가족책임이란 전통적 관습이 강조된다. 일곱째, 복지에 대한 시장의 역할 인식에 한계가 있다.

이와 같은 중국의 사회보장과 복지체계가 인접 동아시아 국가들과 공유하는 특징이 있는 반면, 중국만이 갖고 있는 독특한 특성도 지적되고 있다. 첫째, 복지제도의 형성과정에서 지역간 격차가 크게 나타나고 있다. 둘째, 정책결정과정에서 시민사회의 역할이 미약하다. 셋째, 도시 지역사회의 복지역할이 정부에 의하여 지배되고 있다. 이러한 특징들은 한국이나 일본 등 다른 동아시아 국가들과는 차이가 있다.

이상과 같이 중국의 사회보장과 복지체계는 사회적 가치나 문화적인 측면에서 인접 동아시아 국가들과 공유하는 특성들이 있고, 동시에 중국 고유의 발전단계와 사회경제적 상황을 반영하는 특성들이 동시에 존재한다. 중국 특색의 사회보장에 있어 중국 특색이란 용어의 의미는 동아시아 국가들이 공유하고 있는 사회적 가치나 문화적 요인과 아울러 중국의 역사적, 정치적 맥락과 중국경제의 발전단계를 표현하는 것으로 이해된다(Oh, 2002: 20). 분배 보다는 경제개발의 우선, 개발국가의 특성, 노동자에 대한 국영기업의 보호주의, 복지에 대한 가족과 지역사회 역할의 강조 등은 인접 동아시아 국가들과 공유하는 특성들이다. 따라서 중국정부이 강조하고 있는 중국 특색의 사회보장은 보다 넓은 의미에서 동아시아 국가의 지역적 특성을 반영하면서 중국의 현 단계의 발전의 고유한 특성을 반영한 것으로 해석되어야 할 것으로 본다.

이 책에서 살펴본 중국 사회보장 개혁과정에서는 다음과 같은 주요 특성이 나타나고 있다. 첫째, 중국은 시장경제에 기초한 사회보장의 개혁을 추진하면서 최고 정치지도자의 교체와 관계없이 공산당지배의 정치구조와 장기적인 국가건설 목표를 지속적으로 유지하고 있다는 점이다. 등소평이 개혁개방 이후 1987년 중국공산당 대회에서 제시한 '원바오 사회', '샤오캉 사회', '다퉁 사회'의 이념적 노선은 중국 국가건설의 지배이데올로기를 중국고전 〈예기〉(禮記)에 나온 이상사회인 '샤오캉 사회', '다퉁 사회'와 접목하여 현대적으로 재해석한 것이다. 등소평 이후 원자바오, 시진핑 등 지도자들이 중국은 2000년에 이미 1인당 국민소득 1,000달러를 달성하고 '샤오캉 사회' 진입을 선언하였고 2017.10.18 중국공산당 제19차 당대회에서 시진핑 주석은 2021년까지 중국특색의 사회주의 깃발 아래 '샤오캉 사회' 건설이 목표임을 선언하였다. 현재까지 40년 개혁개방 시기 사회보장개혁의 목표는 '샤오캉 사회' 건설을 지향하고 있다. '중국특색의 사회보장'은 이러한 '다퉁 사회'를 향한 '중국몽'으로 일컫는 신중국 현대국가건설의 목표를 지향하고 있는 것이다. 그리고 이러한 목표를 추진하는 공산당지배와 당-정의 협력체계가 정치구조에 반영되어 있다. 서구복지국가의 기본 구성요소인 다원주의적 정치민주주의는 중국에서 결여되어 있다. 개혁과 정책결정의 주도세력은 당-정 관료 엘리트로서 문제의 인식, 정책의 입안과 집행을 독점하였으며 이익집단이나 다원주의적 정치역학은 거의 없는 것으로 보인다. 따라서 '중국특색 사회보장'의 일차적 의미는 현대중국국가의 지배이데올로기와 공산당지배의 엘리트주의 당-정 주도의 정치구조가 독점적인 영향을 미치고 있다는 것을 반영한다.

둘째, 중국 사회보장개혁의 배경은 양로보험과 의료보험을 비롯한 사회보장이 구체제의 기업부담 구조가 더 이상 작동하기 어려운 상황이 1980년대 이후 나타났으며 1990년대에 국영기업개혁이 절정에 이르게 된 것이다. 국영기업의 개혁에 따른 구조조정으로 기업의 사회보장 재정부담 증가로 시장경제 기반의 사회통합형 사회보장으로 전환이 불가피한 변화 때문이었다. 또한 새로운 민영기업의 출현으로 노동인구에 대한 새로운 사회보장의 적용이 필요하였다. 농촌지역에서는 가정책임도급제의 도입으로 집체경제가 붕괴됨으로써 집체와 가정중심의 사회안전망이 붕괴하였다. 중국의 농촌지역 소득보장과 의료보장은 도시지역과 분리된 사회보장체계를 갖고 있었고 낮은 수준의 기본적 사회보장을 제공하고 있었다. 그러한 경제개혁과 개방은 이러한 낮은 수준의 사회보장의 기초를 흔들었고 국가-집체-개인이 공동으로 책임지는 사회보장의 도입이 불가피하게 된 것이다. 그러나 광범위한 농촌지역의 소득보장과 의료보장을 위한 새로운 체계는 도시와 분리된 형태로 집체경제와 가정이 협력하여 상호부조 기능을 유지하는 방향으로 농촌양로보험, 농촌합작의료의 방식으로 발전하였다. 이러한 농촌지역의 사회보장형태는 중국의 특색이 드러나는 영역이며 아직 제도 도입 초기로 적용비율이 낮다. 공공부조 영역에서는 도시지역 기업의 구조조정과 실업, 농촌지역의 집체경제 해체와 사회안전망의 붕괴에 따른 빈곤인구의 발생이 새로운 제도에 의한 개혁의 배경이 되었다.

셋째, 중국의 사회보장은 도시와 농촌을 구분한 별도의 사회보장체계를 발전시키고 있다. 농촌양로보험과 도시기본양로보험의 체계가 구분되어 있으며, 도시의료보험과 농촌의료보험의 방식이 명백하게 구분되어 있다. 도시지역은 국가-기업-개인의 자부담의 사회보장 방식이 적용되고 있으며, 농촌지역은 양로보험은 이제 시작단계로서 주로 개인과 가정보장에 의존하고 의료보장은 개인과 집체경제가 부담하는 신형합작의료제도가 시행된 지역이 확대되고 있으나 대다수 농민은 주요 사회보장제도에서 제외되어 있는 실정이다. 또한 농촌지역의 의료인프라의 부족으로 의료보장은 낮은 수준에서 제공되고 있으며, 지역간 불평등이 존재하고 있다.

넷째, 중국의 사회보장개혁은 일부지역의 시범사업을 기초로 각 지역의 특성에 기초한 점진적인 확대방식을 취하는 실험주의와 점진주의가 특성으로 나타났다. 중국은 시범사업의 성과를 기초로 전국적이고 중장기적인 계획을 수립하여 사회보장개혁을 추진하고 있다. 이것은 경제개혁의 성과가 연해지역을 중심으로 이루어지고 내륙지역과의 상당한 격차가 존재하는 점에 비추어 사회보장개혁도 경제개혁의 성과에 따라 점진적으로 추진되고 있는 것이다. 사회보장개혁은 경제개혁의 성과가 현저하게 나타난 2000년 이후에 본격적으로 추진되고 있으나 적용범위가 제한되어 있고, 아직은 급여의 수준이 낮고 관리체계가 미흡하며 전국적 통일성이 결여되어 있다. 경제개혁 이후 중국사회보장 개혁은 이미 40년의 경험을 갖고 있으며 아직 계속 발전하고 있다. 도시양로보험과 실업보험은 시범사업을 거쳐 실천방안이 마련되고 있다. 그러나 아직 적용범위가 좁고 전체 대상인구의 20~30% 수준에 머무르고 있고, 제도의 운영체계도 불완전하다. 도시근로자의료보험과 산재보험, 도시최저생활보장제도는 시범사업단계에서 확대하는 과정에 있고, 농촌양로보험과 신형합작의료제도도 시범사업으로부터 확대하는 단계이다.

사회보장의 기본원리로서 3자부담의 원칙, 사회통합기금에 의한 사회적 위험의 분산 등이 사회보장개혁의 핵심과제였으며, 서구 복지국가의 주요 사회보장 원리를 수용한 개혁으로 평가할 수 있다. 하지만 개혁과정에서 중국특유의 사회보장의 발전과 내용이 나타나고 있다. 주요 특성으로는 ① 중국의 전통 사상과 결합된 공산당지배 이데올로기가 영향을 미치고 있다는 점, ②

시장경제에 기반한 개혁에도 불구하고 서구의 민주적 다원주의 정치 역동성과 이익집단의 참여가 없어 복지국가의 기본요소가 부재하다는 점, ③ 도시와 농촌지역이 경제환경과 생산력 수준의 차이로 분리된 사회보장, 특히 도시와 농촌의 양로보험, 도시와 농촌의 의료보험이 각각 다른 형태로 발전하고 있다는 점, ④ 도시지역에는 3자부담의 사회보장 원칙이 정착되고 있으나, 농촌지역에는 3자부담의 사회보장 원칙보다는 집체경제와 가정의 역할이 상호부조의 형태로 강조되고 있다는 점, ⑤ 사회보장제도의 기초가 되는 전국적으로 통일된 입법에 의하여 정책이 추진되는 것이 아니라 국무원의 결정, 조례 등에 의하여 개혁이 추진된다는 점, ⑥ 급진적이고 신속한 개혁과정이 아닌 점진적이고 실험적이며 부분적으로 개혁이 추진된다는 점이다. '중국특색의 사회보장'은 서구 국가와 다른 사회보장의 형태와 내용의 차이보다는 이러한 중국 사회보장 개혁과정의 성격을 반영하는 의미를 지닌 것으로 평가된다.

따라서 현 단계에서 낮은 수준의 복지가 제공되고 있는 중국을 서구 복지국가체계와 비교하는 것은 시기상조라고 판단된다. 중국은 계층, 집단, 지역간 분화가 매우 유동적이고 사회보장의 적용범위도 40년 개혁과정의 후반기인 21세기 들어와서도 전국민의 20~30% 정도에 미치지 않아서 현재로서는 복지국가를 연구하는 학자들에 의한 복지국가 유형의 기준을 중국의 분열적이고 낮은 수준의 다양한 형태의 사회보장에 적용할 수 없는 단계이다. 이러한 특성을 지닌 '중국 특색의 사회보장'은 사회주의계획경제에서 시장경제로의 변화에 적응한 새로운 통일된 사회보장제도의 형성, 사회보장 급여의 수준향상, 사회보장 관리운영의 효율성, 도시와 농촌사회보장의 지역 격차 해결과 같은 어려운 문제를 안고 있다. 국가 백년대계의 목표인 '샤오캉 사회'와 '다퉁 사회'는 이러한 문제를 해결한 만인 평등과 자원의 공평한 분배가 이루어진 이상사회를 향하고 있다. 21세기 중국 현대국가의 '중국몽' 실현을 위한 '중국특색 사회보장'개혁의 실험은 차후 보다 심층적인 학술적 평가를 기다리고 있다.

<표 16> 중국 사회보장 개혁의 요약

<table>
<tr><th>구분</th><th>양로보험</th><th>의료보험</th><th>산재보험,
실업보험</th><th>공공부조</th></tr>
<tr><td colspan="5">지배이데올로기: 3단계 국가발전이념-원바오 사회 → 샤오캉 사회 → 다퉁 사회</td></tr>
<tr><td>개혁배경</td><td colspan="4">국영기업 개혁, 구조조정, 기업부담 증가</td></tr>
<tr><td>주도세력</td><td colspan="4">집정당인 공산당, 당-정 엘리트 주도, 정치다원주의와 이익집단 배제</td></tr>
<tr><td>사회보장
방식</td><td colspan="3">기업책임에서 사회통합기금 방식으로 전환</td><td>국가, 집체부담</td></tr>
<tr><td>3자책임 원칙</td><td colspan="3">도시지역은 국가-기업-개인 3자부담원칙,
농촌지역은 농촌집체와 가정책임 강조</td><td>-</td></tr>
<tr><td>도/농의 분리</td><td>도시양로보험과 농촌
양로보험 분리</td><td>도시의료보험과 농촌
합작의료보험 분리</td><td>도시근로자 중심</td><td>도시는 국가최저 생
활보장과 도시5보
제도,
농촌은 농촌5보제
도, 집체경제와 가정
의 상호부조</td></tr>
<tr><td>개혁속도</td><td colspan="3">점진적이며, 2000년이후 개혁후기에 빠르게 진전, 확대</td><td>점진적</td></tr>
<tr><td>개혁방식</td><td colspan="4">시범사업의 실험주의 방식을 통해 국지적 확대</td></tr>
<tr><td>주요입법</td><td colspan="2">국무원 결정과 조례, 공산당 당대회, 인민대표
회의 결정</td><td>노동법 등 법률, 국
무원조례</td><td>국무원 결정, 조례</td></tr>
<tr><td>적용인구
(2015년)</td><td>도시근로자/주민 3억5
천만명
(취업인구의 약45%)
농촌-초기도입단계</td><td>도시근로자/주민
6억6천만명,
농촌-초기도입단계로
적용율 낮음</td><td>실업보험 22.4%
산재보험 27.7%</td><td>도시-1700만명,
농촌-4900만명</td></tr>
</table>

21세기 '중국몽'의 전망

현재까지 진행되고 있는 '중국몽'의 국가목표와 사회보장 개혁의 경험에 비추어 볼 때, 21세기 중국몽은 21세기 중반인 2050년까지 지속될 것으로 보인다. 복지개혁은 사회보장을 중심으로 '샤오캉 사회'와 '다통 사회'라는 중국적 가치를 지닌 이상사회의 목표를 지향하고 있다. 사회보장 개혁은 국가발전목표로서'중국몽'을 향한 경제발전과 정치사회적 안정 간에 위치한 한 지점에서 균형추의 역할을 유지할 것으로 보인다(Guan, 2000: 125).

사회보장 개혁은 주도세력인 집정당인 공산당, 당-정 엘리트가 주도하고 있고 정치다원주의와 이익집단 배제되어 있다. 특히 시진핑의 2017년 2기 집권이후 장기독재체계가 가져올 정치적 부담이 중국몽을 향한 과정의 위험요인이 되어 있다. 이러한 위험 요인 속에 사회보장 개혁은 지속적으로 추진하지만, 사회보장의 수준은 지속적인 성장을 위한 경제적 효율을 위협하는 경계를 넘지 않을 것이며, 사회적 안정을 저해하는 수준 이하로 떨어지지도 않을 것이다. 특히 경제성장을 통한 중국몽의 야심적인 국가발전 목표를 수행함에 있어 다음과 같은 요인들은 복지의 확대에 제한을 가하는 위험 요인이 될 것으로 보인다. 첫째, 노동집약적 경제구조를 유지하고 있는 중국이 국제적 시장경제체제 속에서 경쟁력을 갖기 위해서는 당분간 노동비용의 증가와 경쟁력 약화를 가져오는 복지비용의 지출 증가를 제한할 것이다. 둘째, 멀지 않은 장래에 급속하게 증가하고 있는 노령인구로 인하여 소득보장, 의료, 사회복시서비스 분야에서 복지비용의 지출 증가로 인한 문제에 직면하게 될 것이다.

한편, 중국몽의 다통사회를 향한 도전에서 또다른 위험 요인은 경제적 효율을 추구하는 경제성장의 결과로 확대되고 있는 불평등 문제로서, 소득계층간, 도시와 농촌 지역간 사회적 불평등의 문제에 직면하게 될 것이다. 이것이 가져오는 정치적 위험을 고려하여 앞으로의 사회보장 개혁은 경제적 효율과 분배적 정의 간의 균형자로서 역할을 수행하게 될 것이다.

21세기 중국몽中國夢과 사회보장개혁

참고문헌

1. 한국, 중국문헌

國家統計局, 1995 中國統計年鑒, 中國統計出版社, 1996.

國家統計局, 2011 中國統計年鑒, 中國統計出版社, 2012.

國家統計局, 2015 中國統計年鑒, 中國統計出版社, 2016.

國家統計局, 2016 中國統計年鑒, 中國統計出版社, 2017.

국가통계국, 2015 중국노동통계연감, 중국통계출판사, 2016.

국가통계국, 2015 중국농촌통계연감, 중국통계출판사, 2016.

대외경제정책연구원, 중국 사회보장제도 개혁의 주요내용과 전망, 2014.

蘇曉云, 中國特色的 社會保障制度, 中國財政經濟出版社, 1998.

徐滇慶 · 尹尊聲 · 鄭玉歆, 中國 社會保障體制 改革, 經濟科學出版社, 1999.

孫炳耀, "社會保障: 構築千百萬人的 生命線", 袁亞愚, 社會學家的 分析 中國社會問題, 中國社會出版社, 1998.

梁宜勇, "勞動問題: 就業失業, 收入分配 和 社會保險 三位一體", 袁亞愚, 社會學家的 分析 中國社會問題, 中國社會出版社, 1998.

오정수, 중국의 사회보장, 집문당, 2006.

오정수, "중국 특색의 사회보장 개혁에 관한 탐색적 연구", 사회과학연구 제29권 2호, 충남대사회과학연구소. 2018.

오정수 정연택, 사회주의 체제전환과 사회정책, 동유럽과 독일통일의 경험, 집문당, 1999.

王東進, 中國 社會保障制度, 企業管理出版社, 1998.

우상열, "유수아동의 학교생활적응에 영향을 미치는 요인", 충남대학교대학원 석사학위논문, 2018.

袁亞愚, 社會學家的 分析 中國社會問題, 中國社會出版社, 1998.

이계희, 현대 중국정치 제도화과정, 충남대학교출판문화원, 2012.

이일영, "중국경제개혁 20년", 동향과 전망, 통권 제36호, 한국사회과학연구소, 1997.

장공성, 중국 사회보장 30년, 공동체, 2013.

中國社會科學院, "中國社會保險制度硏究", 社會保障制度 C41, 中國人民大學 書報資料中心, 1999.

陳朝先, 人口与社會保障 硏究, 西南財經大學出版社, 1998.

2. 영미문헌

Abrahamson, Peter (1991), "Welfare and Poverty in the Europe of the 1990s: Social Progress or Social Dumping?", *International Journal of Health Service*, vol.21, no.2., Amityville: Baywood Publishing Company.

Aspalter, Christian (2001), *ConservativeWelfare State Systems in East Asia*, Westport: Praeger.

Aspalter, Christian (2002), *Discovering theWelfare State in East Asia*, Westport: Praeger.

Bonoli, Giuliano (1997), "Classifying Welfare States: a Two-dimension Approach", *Journal of Social Policy*, vol.26, no.3, Cambridge: Cambridge University Press.

Chen, Amin, Gordon Liu, Kevin, Zhang (2004), *Urbanization and Social Welfare in China*, Ashgate.

Chow, Nelson andYuebin Xu (2001), *SocialistWelfare in a Market Economy, Social security reforms in Guangzhou, China*, Ashgate.

Deacon, Bob (1997), *Global Social Policy: International Organizations and the Future ofWelfare*, London: Sage.

Deacon, Bob (1993), "Developments in East European Social Policy", Catherine Jones(1993), (ed.), *New Perspectives on theWelfare State in Europe*, London: Routledge.

Dixon(1992), John and Macarov, David (1992), *Social Welfare in Socialist Countries*, London: Routledge.

Esping-Andersen, Gösta (ed.) (1996), *Welfare States in Transition, National Adaptations in Global Economies*, London: Sage.

Esping-Andersen, Gösta (1990), *The Three Worlds of Welfare Capitalism*, Cambridge: Polity Press.

Finer, Catherine Jones (ed.) (2003) *Social Policy Reform in China*, *Views from Home and Abrod,* Hants: Ashgate.

Goodman, Roger; White, Gorden and Kwon, Huckju (1998), *The East Asian Welfare Model*, London: Routledge.

Goodman, Roger and Peng, Ito (1996), "The East Asian Welfare: Peripatetic Learning, Adaptive Change, and Nation-Building", in Esping-Andersen, Gsta, *Welfare States in Transition*, London: Sage.

Guan, Xinping (2000), "China's Social Policy: Reform and Development in the Context of

Marketization and Globalization", *Social Policy and Administration*, vol. 34. no.1.

Guan, Xinping (2003), "Policies Geared to Tackling Social Inequality and Poverty in China", Catherine Jones Finer, *Social Policy Reform in China*, Hants: Ashgate.

Hu, Aidu (1997), "Reforming China's social security system: Facts and perspectives", *International Social Security Review*, vol.50, no.3, Oxford: Blackwell.

Huntington, Samuel (1996), *The Clash of Civilizations and the Remaking of World Order*, New York: Georges Borchardt.

Jones, Catherine (ed.) (1993), New Perspectives on the Welfare State in Europe, London: Routledge.

Leung, Joe C. B. (2003), "Social Security Reforms in China: issues and prospects", *International Journal of Social Welfare*, 12. Oxford: Blackwell.

National Bureau of Statistics of China (2001), *China Statistical Yearbook* 2001, Beijing: China Statistics Press.

Oh, Jeongsoo (2002), "Social Welfare in China and Eastern Europe in Transition: The Making of Regional Models", *RCSSP Research Paper Series* No.4. Research Center on Societal and Social Policy.

Peng, Bo (2003), "The Policy Process in Contemporary China: The Mechanism of Politics and Government", *Social Policy Reform in China*, *Views from Home and Abrod,* Hants: Ashgate.

Petracca, Mark, and Xiong, Mong (1990), "The Concept of Chinese Neo-Authoritarianism: An Explanation and Democratic Critique", *Asian Survey* vol.30, no.11, Oakland: University of California Press.

Potucek, Martin (1993), "Current Social Policy Development in the Czech and Slovak Republics", *Journal of European Social Policy*, vol.3, no.3, London: Longman.

Rösner, Hans Jurgen (2004), "China's health insurance system in transformation: Preliminary assessment, and policy suggestions", *International Social Security Review*, vol. 57.

Tang, Kwong-leung and Raymond Ngan (2001), "China. developmentalism and social security", *International Journal of Social Welfare*, vo.10, no.4, Oxford: Blackwell.

Wang, Dongjin (1998), *Chinese Social Security System*, Beijing: Enterprises Management Press.

White, Gordon (1998), "Social Security Reforms in China: towards an East Asian model?", in Goodman, Roger; White, Gorden and Kwon, Huckju (1998), *The East Asian Welfare*

Model, London: Routledge.

Xu, Dianqing; Yin, Jason and Zheng, Yuxin (1999), *Social Security Reform in China*, Beijing: Economic Science Press.

Yin, Jason, Shuanglin Lin, and David, Gates (2000), *Social Security Reform: Options for China*, Singapore: World Scientific Publishing.

Zhu, Zhixin(2004), "Reform and Development of China's social security system: Strengthening the social security system to promote coordinated economic and social development", *Sustainable development of social security in the People's Republic of China.*

Zhu, Yukun(2002), "Recent developments in China's social security reforms", *International Social Security Review,* vol. 55.